Himmlische Desserts

Himmlische Desserts

Hannah Miles

Fotos von Steve Painter

GERSTENBERG

*Für meine gute Freundin
Maren, in Liebe und
Freundschaft x*

Hinweise

- Bei allen Löffelangaben handelt es sich, soweit nicht anders angegeben, um gestrichene Ess- bzw. Teelöffel.
- Mit Eiern sind, soweit nicht als groß angegeben, immer Eier der Größe M gemeint. Alte Menschen, kleine Kinder, schwangere Frauen oder Personen mit einem geschwächten Immunsystem sollten keine ungekochten oder nur teilweise gekochten Eier zu sich nehmen.
- Mit Schlagsahne sind bestimmte Gesundheitsrisiken verbunden. Daher sollte man auf Lebensmittelsicherheit achten, indem man frische Sahne stets vor Ablauf des Verfallsdatums verwendet und fertige Desserts mit Sahne bis zum Servieren abgedeckt im Kühlschrank aufbewahrt.
- Sind in einem Rezept abgeriebene Schalen von Zitrusfrüchten angegeben, sollten Sie stets unbehandelte Früchte verwenden und diese vor der Verwendung gründlich waschen. Sind lediglich behandelte Früchte erhältlich, sollten Sie diese vor der Verwendung sorgfältig in warmem Wasser mit Spülmittel abbürsten.

Die Originalausgabe erschien 2016 unter dem Titel
Layered Desserts bei
Ryland Peters & Small
20–21 Jockey's Fields
London WC1R 4BW
und

341 E 116th St
New York NY 10029
www.rylandpeters.com
Text © Hannah Miles 2016
Design und Fotos ©
Ryland Peters & Small 2016

Aus dem Englischen von
Michael Auwers

1. Auflage 2018
Deutsche Ausgabe Copyright © 2018
Gerstenberg Verlag, Hildesheim

Alle Rechte vorbehalten

Redaktion und Satz: twinbooks, München

Printed and bound in China

www.gerstenberg-verlag.de
ISBN 978-3-8369-2133-6

Inhalt

Klassiker

In diesem Kapitel finden sich von klassischen Rezepten inspirierte
Desserts. Der leckere Cookie-Sahne-Traum etwa ist ein wahrer
Genuss, und auch eine Schwarzwälder Kirschtorte kommt stets
gut an. Ebenso sollten Sie die klassischen Millefeuilles probieren –
knusprige Teigschichten, zwischen denen sich Crème pâtissière und
frische Himbeeren verbergen. Ebenso beliebt ist Pannacotta, hier in
einer Variante mit Schokolade und Maracuja. Ein Glanzlicht dieses
Kapitels ist die majestätische Spanische Windtorte, deren Baiserhülle
mit Zuckerblumen dekoriert ist. Meine Version ist mit Schokoladenteig,
Kirschkompott und geschlagener Sahne gefüllt, es sind jedoch auch
andere Füllungen möglich.

Erdbeertorte mit rosa Baiser

Die ideale Torte für einen Sommertag: Zwischen Mandelteig und zartem rosa Baiser befindet sich eine Schicht geschlagener Sahne und darauf frische Erdbeeren. Die Torte wird von rosa Baiserspitzen gekrönt. Als ich sie einmal in meinem Bogensportverein servierte, war sie binnen Minuten verspeist.

FÜR DEN MANDELTEIG:

225 g weiche Butter

225 g Zucker

4 große Eier

115 g gemahlene Mandeln

115 g Mehl, gesiebt

1 EL Backpulver

FÜR DAS BAISER:

3 große Eiweiß

180 g Zucker

rosa Lebensmittelfarbe in Gel- oder Pastenform

ZUM GARNIEREN UND ANRICHTEN:

300 g Sahne

250 g Erdbeeren, in Scheiben geschnitten

3 EL Erdbeermarmelade

2 Springformen (20 cm Ø), gefettet und mit Backpapier ausgelegt

großes Backblech, mit Backpapier belegt

Spritzbeutel mit großer runder Tülle

ERGIBT 8–10 PORTIONEN

Backofen auf 180 °C vorheizen.

Für den Mandelteig Butter und Zucker in einer Schüssel mit einem Handrührgerät schaumig rühren. Die Eier einzeln zugeben und alles verschlagen. Gemahlene Mandeln, Mehl und Backpulver untermischen. Die Mischung auf die vorbereiteten Springformen verteilen und im vorgeheizten Backofen 20 bis 25 Minuten backen, bis die Teigböden fest sind und auf Fingerdruck zurückfedern.

Die Böden aus dem Ofen nehmen, aus den Springformen lösen und vollständig abkühlen lassen. Das Backpapier entfernen und die Teigböden mit geringem Abstand auf das vorbereitete Backblech setzen.

Ofentemperatur auf 130 °C reduzieren.

Für das Baiser Eiweiße in einer sauberen Schüssel steif schlagen, den Zucker löffelweise mit jeweils etwas Lebensmittelfarbe unter stetigem Rühren zugeben, bis der Eischnee eine schöne rosa Färbung angenommen hat. Er sollte steif sein und beim Herausziehen der Quirle Spitzen ziehen.

Den Eischnee in den Spritzbeutel füllen. Auf der Oberseite eines Teigbodens einen flachen Ring aufspritzen. Den restlichen Eischnee in kleinen Tupfern auf den anderen Boden setzen, dabei die Tülle jeweils weit anheben, um hohe Baiserspitzen zu erhalten. Das Backblech in den vorgeheizten Backofen schieben und die Böden mit dem Baiser 1 bis 1½ Stunden backen, bis das Baiser fest ist. Aus dem Ofen nehmen und abkühlen lassen.

Vor dem Servieren die Sahne steif schlagen. Den Teigboden mit dem flachen Baiserring auf eine Tortenplatte setzen und mit der geschlagenen Sahne bedecken. Die Erdbeeren und die Erdbeermarmelade auf die Cremeschicht verteilen und den Teigboden mit den Baisertupfen vorsichtig daraufsetzen. Sofort servieren. Da die Torte frische Sahne enthält, sollte sie im Kühlschrank aufbewahrt und möglichst innerhalb von 2 Tagen verzehrt werden.

Schwarzwälder Kirschtorte

Diese Torte besteht aus Brownieteig, geschlagener Sahne mit Kirschkompott und einem leichten Teig mit Kirscharoma, umhüllt von einer seidig glatten Ganache.

FÜR DEN KIRSCHTEIG:

115 g Zucker

115 g weiche Butter

2 große Eier

115 g Mehl, gesiebt

1 TL Backpulver

1 EL Vanilleextrakt

1 EL fettarmer Naturjoghurt

260 g Kirschen aus dem Glas (Abtropfgewicht)

FÜR DEN BROWNIETEIG:

200 g Zartbitterschokolade, in Stücke gebrochen

125 g Butter, 2 große Eier

200 g Zucker

100 g Mehl, gesiebt

1 TL Vanilleextrakt

FÜR DIE GANACHE:

100 g Zartbitterschokolade

1 EL Glukosesirup

1 gehäufter EL Butter

100 g Sahne

2 EL Puderzucker, gesiebt

ZUM GARNIEREN UND ANRICHTEN:

150 g Sahne

3 EL Kirschkompott

50 g weiße Schokolade

10 frische Kirschen

2 quadratische Kuchenformen (20 x 20 cm), gefettet und mit Backpapier ausgelegt
Spritzbeutel

ERGIBT 10 PORTIONEN

Backofen auf 180 °C vorheizen.

Für den Kirschteig Zucker und Butter in einer Schüssel mit einem Handrührgerät verrühren, bis die Mischung hell und glatt ist. Die Eier einzeln zufügen und alles gut verschlagen. Mehl und Backpulver dazusieben, den Vanilleextrakt zufügen und den Joghurt vorsichtig unterheben. Die Mischung in eine der vorbereiteten Kuchenformen geben und gleichmäßig mit den abgetropften Kirschen bedecken. Im vorgeheizten Backofen 40 bis 45 Minuten backen, bis an einem in die Mitte eingestochenen scharfen Messer kein Teig mehr haften bleibt.

Für den Brownieteig Schokolade und Butter in einem Wasserbad schmelzen lassen und zum Abkühlen beiseitestellen. In einer weiteren Schüssel Eier und Zucker verschlagen, bis die Mischung cremig und sehr dick ist. Vorsichtig geschmolzene Schokoladenmischung, Mehl und Vanilleextrakt untermischen und alles in die zweite Backform geben. Im vorgeheizten Ofen 25 bis 30 Minuten backen, bis sich eine Kruste bildet, unter der sich der Boden jedoch noch weich anfühlt. (Die beiden Böden können gleichzeitig gebacken werden. In diesem Fall wird der Schokoladenboden seiner kürzeren Backzeit entsprechend früher herausgenommen.) Beide Böden in den Formen abkühlen lassen, auf ein Kuchengitter stürzen und die Backpapiere entfernen.

Für die Ganache die Schokolade in Stücke brechen und zusammen mit Glukosesirup, Butter und Sahne in einem Wasserbad erhitzen. Mischung unter stetigem Rühren schmelzen lassen, bis sie dickflüssig und glänzend ist. Den Puderzucker dazusieben und unterrühren, bis er sich auflöst. Etwas abkühlen lassen.

Die Sahne sehr steif schlagen. Kuchengitter auf ein Stück Frischhaltefolie setzen, um abtropfende Ganache aufzufangen, den Brownieboden daraufsetzen. Mit der geschlagenen Sahne bestreichen, darauf das Kirschkompott verteilen. Den Kirschteigboden daraufsetzen und die Ganache mit einem Spatel oder einem Messer mit runder Spitze auf der Oberseite und den Seiten der Torte verteilen.

Die weiße Schokolade in Stücke brechen und in einem Wasserbad schmelzen lassen. In eine Spritztüte füllen und die Oberseite der Torte mit schmalen Rechtecken aus weißer Schokolade verzieren (oder in dünnen Linien von einer Gabel abtropfen lassen). Die gewaschenen, trocken getupften Kirschen auf der Torte verteilen und die Torte vorsichtig auf eine Servierplatte setzen. Bis zum Servieren in den Kühlschrank stellen. Im Kühlschrank hält sich die Torte bis zu 2 Tage.

Napoleonshütchen mit Äpfeln

Dieses herrliche Feingebäck ist mit Apfelkorn-Sahne-Creme und karamellisierten Apfel-scheiben gefüllt. Es passt perfekt zum Nachmittagstee, kann aber auch mit etwas Sahne und Karamellsauce als elegantes Dessert serviert werden.

375 g Blätterteig (Fertigprodukt)

etwas Mehl für die Arbeitsfläche

1 großes Ei, verschlagen

etwas Zucker zum Bestreuen

3 Äpfel

15 g Butter

2 EL dunkelbrauner Rohrzucker

45 ml Apfelkorn oder Apfelsaft

1 Prise Salz

etwas Puderzucker zum Bestäuben

FÜR DIE CREME:

200 g Sahne

45 ml Apfelkorn

dreieckige Ausstecher (7 cm), Backblech, mit Silikonmatten oder Backpapier ausgelegt, und ein Backblech sowie ein Stück Backpapier zum Bedecken, Apfelausstecher

ERGIBT 8 PORTIONEN

Backofen auf 200 °C vorheizen.

Den Teig auf einer bemehlten Arbeitsfläche mit einer Teigrolle zu einem sehr dünnen, großen Rechteck ausrollen. Mit den Ausstechern 24 Dreiecke aus dem Teig ausstechen (oder mit einem scharfen Messer ausschneiden) und mit geringem Abstand auf das vorbereitete Backblech setzen. Oberseite der Dreiecke mit verschlagenem Ei bestreichen und mit etwas Zucker bestreuen. Mit einem Stück Backpapier bedecken und mit einem Backblech beschweren. So erhält man sehr dünne, knusprige Gebäckstücke, die beim Backen ihre Form behalten.

Im vorgeheizten Backofen 20 bis 30 Minuten backen, bis der Teig knusprig und goldgelb ist. Das obere Backblech abnehmen und die Teigdreiecke auf dem Blech abkühlen lassen.

Die Äpfel waschen, trocken tupfen, Kerngehäuse ausstechen und Äpfel in dünne Scheiben schneiden. (Nach Belieben können die Äpfel auch geschält werden. Ich verwende sie gerne mit Schale, was bei roten Apfelsorten einen schönen farblichen Kontrast ergibt.) Die Apfelscheiben in einer großen Bratpfanne in der Butter und 1 Esslöffel dunkelbraunem Rohrzucker anbraten, bis sie beginnen, weich zu werden. Apfelkorn oder Apfelsaft mit restlichem Rohrzucker und dem Salz zufügen und weiter erhitzen, bis die Apfelscheiben zu karamellisieren beginnen. Vom Herd nehmen und abkühlen lassen.

Sahne und Apfelkorn in einer Schüssel mit einem Handrührgerät zu einer weichen Creme verschlagen.

Etwas Apfelkorncreme auf acht Teigdreiecke geben und mit einigen Apfelscheiben belegen. Jeweils mit einem weiteren Teigdreieck bedecken und nochmals etwas Creme und restliche Apfelscheiben daraufgeben. Mit den restlichen Dreiecken bedecken und mit Puderzucker bestäuben. Sofort servieren oder bis zum Servieren im Kühlschrank aufbewahren, da die Gebäckstücke frische Sahne enthalten. Am besten schmecken die Napoleonshütchen am Tag der Zubereitung, den Teig kann man jedoch nach Belieben schon einen Tag zuvor backen.

Cookie-Sahne-Traum

In diesem Genießer-Dessert werden leckere Kekse mit Sahne kombiniert. Ich bringe es immer als besonderes Party-Dessert auf den Tisch, da es köstlich schmeckt und bei meinen Gästen stets Begeisterung hervorruft. Statt der gefüllten Schoko-Doppelkekse kann man nach Belieben auch andere Kekse verwenden – etwa rosa Waffeln oder bunte Partykekse, wenn das Dessert richtig peppig aussehen soll.

FÜR DIE SCHOKOSAUCE:

250 g Sahne

60 g Butter

100 g Zartbitterschokolade, in Stücke gebrochen

1 EL Glukosesirup

FÜR DIE KEKSCREME:

600 g Sahne

200 g Frischkäse

2 EL Puderzucker, gesiebt

½ TL Vanillepulver oder 1 TL Vanilleextrakt

150 g Schoko-Doppelkekse mit Cremefüllung (z. B. Oreo-Kekse)

ZUM GARNIEREN UND ANRICHTEN:

1 große Schokoladenbiskuitrolle (ca. 340 g)

etwas ungesüßtes Kakaopulver zum Bestäuben

einige kleine Schoko-Doppelkekse mit Cremefüllung (z. B. Mini-Oreo-Kekse) zum Garnieren

große Glasschale

ERGIBT 10 PORTIONEN

Für die Schokosauce Sahne, Butter und Schokolade mit dem Glukosesirup in einem Wasserbad bei geringer Hitze schmelzen lassen und rühren, bis die Mischung glatt und glänzend ist. Zum Abkühlen beiseitestellen.

Für die Kekscreme in einer Schüssel die Sahne und den Frischkäse mit dem Schneebesen zu einer glatten, dickflüssigen Creme verschlagen. Puderzucker und Vanille untermischen. 6 normal große Schoko-Doppelkekse beiseitelegen, die restlichen in kleine Stücke zerbröseln und unterheben.

Die Biskuitrolle in dünne Scheiben schneiden, mit der Hälfte den Boden der Glasschale auslegen. Die Hälfte der beiseitegelegten Kekse zerbröseln und über die Biskuitrollenscheiben streuen. Die Hälfte der Schokosauce darübergießen. Die Hälfte der Creme über die Sauce geben und gleichmäßig verstreichen. Mit den restlichen Biskuitrollenscheiben, den übrigen zerbröselten Keksen und der restlichen Schokoladensauce bedecken. Mit Kekscreme abschließen. Alles großzügig mit Kakaopulver bestäuben und mit den kleinen Keksen dekorieren. Im Kühlschrank mindestens 3 Stunden oder über Nacht fest werden lassen. Mit Frischhaltefolie bedeckt, hält sich das Dessert im Kühlschrank bis zu 3 Tage.

Spanische Windtorte

Angesichts der für die Zubereitung nötigen Sorgfalt und des aufsehenerregenden End-ergebnisses lässt sich dieses Dessert nur mit dem Begriff »episch« beschreiben. Ich kann versichern, dass es die beste Wahl ist, wenn man ein Dessert auf den Tisch bringen möchte, das die Gäste überrascht und beeindruckt. Anders als es der Name vermuten lässt, ist das Rezept österreichischen Ursprungs. Es wurde in der Barockzeit populär, als der öster-reichische Adel eine Vorliebe für alles hatte, was aus Spanien kam.

Im Wesentlichen besteht dieses traumhafte Dessert aus einer runden Baiserhülle, die mit Spritz-baiser und Zuckerblumen dekoriert ist. Die Hülle wird mit Sahne und Obst nach Wahl gefüllt und ist mit einem dekorativen Baiserdeckel verziert. Für Dekor und Füllung gibt es endlos viele Varia-tionsmöglichkeiten, und man kann hierbei seiner Fantasie freien Lauf lassen. Die Zubereitung ist zugegebenermaßen recht zeitaufwendig, doch die meiste Zeit nimmt das Backen der Baiserringe in Anspruch. Der Arbeitsaufwand für die dazwischenliegenden Schritte hält sich hingegen in Grenzen. Die Baiserhülle können Sie einen oder mehrere Tage im Voraus zubereiten und sie erst an dem Tag füllen, an dem die Torte serviert werden soll.

Das Rezept sieht zwei unterschiedliche Arten von Baiser vor, die sich in ihrer Textur unter-scheiden: Das Baiser, aus dem Boden, Deckel und Ringe der Hülle bestehen, und das etwas weichere Baiser für die Spritzdekorationen. Bei Letzterem wird die Baisermasse erhitzt, was die Backzeit reduziert.

Die Hülle besteht aus zwei Baiserböden und vier Baiserringen, die gebacken werden, bis sie fest sind. Nach dem Abkühlen setzt man die Ringe, fixiert mit weicher Baisermasse, nach und nach auf einen Baiserboden. Nach Belieben kann man die Baisermasse auch portionsweise mit Lebensmittel-farbe einfärben, sodass sich dekorative Farbstreifen ergeben.

Beim Baiserdekor lasse ich meiner Experimentierfreude freien Lauf und probiere verschiedene Muster aus, die sich mit den unterschiedlichen Tüllen eines Spritzbeutels erzeugen lassen. Bevor man mit dem eigentlichen Dekor beginnt, lohnt es sich, einige Probemuster auf ein Stück Backpapier zu spritzen. Ein Drehteller erleichtert es, die Dekorelemente gleichmäßig rundum an der Außenseite der Torte aufzubringen.

Traditionell wird die Windtorte mit Zuckerveilchen verziert, die man aus Blütenpaste und etwas violetter Lebensmittelfarbe selbst herstellen oder fertig kaufen kann. Falls keine Zuckerveilchen erhältlich sind, kann man auch Zuckerblumen in anderen Farben verwenden.

Auch für die Füllung der Torte gibt es zahlreiche Variationen. Im folgenden Rezept verwenden wir dünne Schichten aus Schokoladenkuchen, Kirschkompott und geschlagener Sahne, aber die Füllung lässt sich nach Belieben variieren – etwa mit Erdbeermousse, Himbeeren und geschlage-ner Sahne oder mit Schichten aus geschlagener Sahne und frischem Obst. Man kann auch kleinere Baiserböden und -ringe backen und somit unterschiedlich gefüllte kleine Windtorten servieren.

Die Spanische Windtorte ist kein Dessert, das man jeden Tag serviert. Doch sie ist auf jeden Fall ein beeindruckendes Gebäckstück, auf das man zu Recht stolz sein kann, wenn es aus der eigenen Küche stammt. Schon allein deshalb sollte man sich einmal an ihre Zubereitung wagen.

FÜR DAS ERSTE BAISER:

4 große Eiweiß

225 g Zucker

FÜR DAS ZWEITE BAISER:

2 große Eiweiß

115 g Zucker

FÜR DAS DRITTE BAISER:

4 große Eiweiß

250 g Zucker

FÜR DEN SCHOKOLADENTEIG:

115 g Zucker

115 g weiche Butter

2 große Eier

115 g Mehl, gesiebt

1 TL Backpulver

30 g ungesüßtes Kakaopulver, gesiebt

3 EL Naturjoghurt

FÜR DIE FÜLLUNG:

600 g Sahne

½ TL Vanillepulver oder 1 TL Vanilleextrakt

1 EL Puderzucker, gesiebt

400 g Kirschkompott

ZUM GARNIEREN:

Zuckerblumen, traditionell: Zuckerveilchen oder Fondantveilchen

3 Backbleche, mit Silikonmatten oder Backpapier ausgelegt

2 Spritzbeutel mit Rund- und Sterntülle

Springform (20 cm Ø), gefettet und mit Backpapier ausgelegt

ERGIBT 12 PORTIONEN

Backofen auf 130 °C vorheizen.

Für den ersten Baiserring die Eiweiße in einer Schüssel mit einem Handrührgerät sehr steif schlagen. Den Zucker löffelweise zugeben und einrühren, bis ein glänzender Eischnee entsteht. Den Eischnee in einen Spritzbeutel mit großer runder Spritztülle füllen.

Mit dieser Baisiermasse nun zwei Böden und vier gleich große Ringe spritzen: Verwendet man Backpapier als Backunterlage, dazu mithilfe eines 18 Zentimeter großen Tellers einen Kreis als Schablone auf die Unterseite des Backpapiers zeichnen.

Ich bevorzuge Silikonmatten, da sich die Baisers hierbei nach dem Backen leichter lösen lassen. Statt eine Schablone zu zeichnen, spritze ich daher mit etwas Abstand um den Tellerrand herum Ringe aus Baisermasse. Danach den Teller jeweils vorsichtig aus dem Baiserring heben. Dazu ein Messer unter den Teller schieben, von oben fest auf den Teller drücken und ihn mit dem Messer anheben. Berührt der Teller das Baiser, ist dies nicht schlimm, da der Baiserring im nächsten Schritt mit Baisermasse gefüllt wird.

Auf vier Baiseringe eine zweite Schicht Baisermasse aufspritzen und die Ringe auf diese Weise erhöhen. Die beiden übrigen Baiserringe mit einer Spirale aus Baisermasse lückenlos zu Böden ausfüllen. Ich verwende hierfür drei große Backbleche, auf die ich jeweils zwei Baisers spritze.

Baisers im vorgeheizten Backofen 1 bis 1½ Stunden backen, bis die Baiserringe und -böden fest sind. Werden die Baisers gleichzeitig im Ofen gebacken, benötigen die unteren Bleche je nach Hitzeverteilung im Ofen länger als die oberen. Die Baisers vollständig abkühlen lassen. Den Backofen eingeschaltet lassen.

Für die zweite Baisermasse die Eiweiße in einer Schüssel sehr steif schlagen und den Zucker löffelweise unterrühren, bis ein glänzender Eischnee entsteht. Einen Baiserboden in die Mitte eines Backblechs setzen, etwas von der zweiten Baisermasse auf den Rand spritzen und einen Baiserring vorsichtig darauflegen. Auf diese Weise nach und nach die restlichen Ringe auf dem Boden fixieren, sodass sie eine Hülle bilden. Die restliche Baisermasse mit einem Spatel als dünne Schicht auf Innen-

und Außenseite der Hülle verteilen, sodass die Baiserringe vollständig bedeckt sind und die Hülle glatte Außen- und Innenwände hat. Falls einer der Baiserringe beim Anheben zerbricht, einfach mit etwas Baisermasse auf dem darunterliegenden Ring fixieren.

Die Baiserhülle im vorgeheizten Backofen etwa 1 Stunde backen, bis sie ausreichend fest ist. Aus dem Ofen nehmen und abkühlen lassen. Den Ofen nicht ausschalten.

Die dritte Baisermasse wird bei der Zubereitung erhitzt. Dazu eine große Schüssel in einen Topf mit köchelndem Wasser stellen und Eiweiße und Zucker zusammen hineingeben. Etwa 5 Minuten stetig rühren, bis die Masse dickflüssig ist. Vom Herd nehmen und in einer Küchenmaschine weiterschlagen, bis die Baisermasse abkühlt. Die Masse in einen Spritzbeutel mit Sterntülle füllen und die Außenseite der Baiserhülle rundum mit Baisertupfen verzieren. Den zweiten Baiserboden, der später als Deckel dient, ebenfalls mit Tupfen dekorieren. Das Dekor lässt sich nach Belieben variieren, nach Belieben auch mit verschiedenen Spritztüllen.

Baiserhülle und -deckel im vorgeheizten Backofen etwa 30 Minuten backen, bis das Baiserdekor fest ist. Abkühlen lassen. Die Ofentemperatur auf 180 °C erhöhen.

Für den Schokoladenteig Zucker und Butter in einer Schüssel verrühren, bis die Mischung hell und glatt ist. Die Eier einzeln zufügen und alles vermischen. Vorsichtig gesiebtes Mehl, Backpulver, Kakaopulver und Joghurt unterheben. Den Teig in die vorbereitete Springform füllen und im vorgeheizten Backofen 20 bis 25 Minuten backen, bis der Teig fest ist, auf Fingerdruck zurückfedert und an einem in die Mitte eingestochenen Messer kein Teig mehr haften bleibt. Abkühlen lassen.

Teigboden mit einem scharfem Messer so zuschneiden, dass er etwas kleiner ist als die Öffnung der Baiserhülle. Teigboden waagerecht in zwei Hälften teilen.

Sahne, Vanille und Puderzucker in einer Schüssel sehr steif schlagen.

Die Windtorte vorsichtig auf eine Tortenplatte heben. Etwas Cremefüllung zum Fixieren der Zuckerblumen beiseitestellen. Ein Drittel der restlichen Creme in die Baiserhülle füllen und ein Drittel des Kirschkompotts darübergeben. Mit einem Schokoladenboden bedecken. Darauf abermals ein Drittel der Creme und ein Drittel des Kirschkompotts geben. Den zweiten Teigboden darauflegen und mit restlicher Creme und übrigem Kirschkompott auffüllen. Die Windtorte mit dem Baiserdeckel bedecken. Zum Verzieren Zuckerblumen mit der beiseitegestellten Creme auf der Torte fixieren.

Sofort servieren. Baiserreste im Kühlschrank nicht länger als 2 Tage aufbewahren.

Klassisches Sommerbeeren-Trifle

Trifle ist ein Klassiker unter den britischen Desserts. In seinem Ursprungsland streitet man sich gerne darüber, ob es mit oder ohne Götterspeise zubereitet werden sollte. Ich mache es ohne Götterspeise, doch dies ist allein der Tatsache geschuldet, dass ich sie nicht so gern mag. Wer möchte, kann jedoch eine Packung Götterspeise nach Packungsanweisung zubereiten, über die Obstschicht geben und vor den weiteren Zubereitungsschritten im Kühlschrank fest werden lassen.

FÜR DIE CRÈME PÂTISSIÈRE:

2 große Eier und 2 Eigelb

2 gehäufte EL Speisestärke

½ TL Vanillepulver oder
1 TL Vanilleextrakt

120 g Zucker

300 g Sahne

200 ml Milch

FÜR DAS KOMPOTT:

300 g Himbeeren

300 g Blaubeeren

100 g Zucker

ZUM GARNIEREN UND ANRICHTEN:

1 große oder 2 kleine Biskuit-rollen mit Himbeerfüllung (ca. 400 g)

160 ml Sherry

600 g Sahne

einige Himbeeren und Blaubeeren (nach Belieben)

große Glasschale

ERGIBT 8 PORTIONEN

Zunächst die Crème pâtissière zubereiten, denn sie benötigt vor der Weiterverarbeitung eine gewisse Zeit zum Abkühlen. Hierfür Eier, Eigelbe, Speisestärke, Vanille und Zucker in einer Küchenmaschine vermischen. Sahne und Milch zusammen in einem Topf aufkochen und unter stetigem Rühren zur Eimischung gießen. (Alternativ dazu mit einem Handrührgerät rühren, während eine zweite Person die Milch dazugießt). Die Mischung wieder in den Topf geben und bei geringer Hitze unter stetigem Rühren köcheln lassen, bis die Creme dickflüssig wird. Sofort in eine Schüssel gießen, sonst kocht sie weiter und flockt aus. Geschieht dies dennoch, die Mischung rasch durch ein feinmaschiges Sieb in eine Schüssel passieren und dabei kräftig mit einem Schneebesen rühren, sodass sich die Klümpchen wieder mit der restlichen Mischung verbinden. Abkühlen lassen.

Für das Kompott Himbeeren und Blaubeeren waschen und trocken tupfen. Jeweils die Hälfte der Beeren mit dem Zucker und 2 Teelöffeln Wasser in einem Topf erhitzen und etwa 5 Minuten unter Rühren köcheln lassen, bis die Beeren weich sind und ihr Saft sirupartig eindickt. Abkühlen lassen.

Die Biskuitrolle(n) in dicke Scheiben schneiden, Boden und Wände der Glasschale mit den Scheiben auskleiden. Mit Sherry beträufeln und Beerenmischung darübergeben. Mit den übrigen Beeren bedecken und die Crème pâtissière darübergeben.

Die Sahne in einer Schüssel nicht zu steif schlagen und über das Trifle verteilen. Etwa 3 Stunden im Kühlschrank fest werden lassen. Vor dem Servieren nach Belieben mit gewaschenen, trocken getupften Beeren dekorieren. Mit Frischhaltefolie bedeckt, hält sich das Trifle im Kühlschrank bis zu 3 Tage.

Millefeuilles

Mit »Millefeuilles« (»tausend Blätter«) sind die Blätterteigschichten dieses leckeren Desserts gemeint. Wird der Teig mit einem Backblech beschwert, behält er beim Backen die Form.

FÜR DIE CRÈME PÂTISSIÈRE:

125 ml Milch

125 g Sahne

1 großes Ei und 2 Eigelb

100 g Zucker

2 EL Speisestärke

FÜR DEN TEIG:

500 g Blätterteig (Fertigprodukt)

etwas Mehl für die Arbeitsfläche

etwas Milch zum Bestreichen

etwas Zucker zum Bestreuen

ZUM GARNIEREN UND ANRICHTEN:

300 g Sahne

½ TL Vanillepulver oder
1 TL Vanilleextrakt

1 EL Puderzucker, gesiebt,
und etwas Puderzucker
zum Bestäuben

300 g Himbeeren

6 EL Himbeermarmelade

2 Backbleche, 1 davon mit einer Silikonmatte oder Backpapier ausgelegt

Spritzbeutel mit großer Sterntülle

ERGIBT 6 PORTIONEN

Für die Crème pâtissière Milch und Sahne in einem Topf zum Kochen bringen. In der Zwischenzeit in einer Schüssel mit einem Handrührgerät Ei, Eigelbe, Zucker und Speisestärke zu einer dicken Creme verschlagen. Die kochende Sahnemilch zugießen und einige Minuten einrühren. Die Creme wieder in den Topf geben und unter stetigem Rühren bei geringer Hitze erwärmen, bis sie einzudicken beginnt. Die Creme dabei gut beobachten, damit sie nicht ausflockt. Durch ein feinmaschiges Sieb in eine Schüssel passieren, dabei etwaige Klümpchen mit einem Spatel durch die Siebmaschen drücken. Nach dem Abkühlen in den Kühlschrank stellen und fest werden lassen. Die Creme muss vollständig kalt sein, damit sie nicht zu dünn ist.

Backofen auf 200 °C vorheizen.

Den Blätterteig auf einer leicht bemehlten Arbeitsfläche zu einem etwa 3 Millimeter dicken großen Rechteck ausrollen. Mit einem scharfen Messer in drei gleich große lange Rechtecke schneiden. Die Seiten ringsum gerade zuschneiden. Die Teigrechtecke auf das vorbereitete Backblech legen. Die Oberseiten mit etwas Milch bestreichen und leicht mit Zucker bestreuen. Mit einer zweiten Lage Backpapier bedecken und mit dem zweiten Backblech beschweren.

Blätterteig im vorgeheizten Backofen 30 bis 35 Minuten backen, bis der Teig knusprig und goldgelb ist. Gegen Ende der Backzeit kontrollieren, damit der Teig nicht anbrennt. Die Blätterteigstreifen auf ein Kuchengitter legen und vollständig abkühlen lassen.

Jedes Teigrechteck in sechs gleich große Streifen schneiden, sodass insgesamt 18 Streifen entstehen. Sechs davon auf eine Servierplatte setzen. Sahne, Vanille und Puderzucker in einer Schüssel steif schlagen. Die geschlagene Sahne in den Spritzbeutel geben und kleine Tupfen am Rand der Blätterteigstreifen aufspritzen. Dazwischen jeweils eine Lücke lassen. In die Zwischenräume jeweils eine gewaschene, trocken getupfte Himbeere setzen. Den Zwischenraum in der Mitte mit etwas Crème pâtissière füllen. Auf die Creme jeweils einen kleinen Löffel Himbeermarmelade geben.

Jeweils einen weiteren Blätterteigstreifen darauflegen und die zuvor beschriebenen Schritte wiederholen. Mit jeweils einem Blätterteigstreifen abschließen. Mit Puderzucker bestäuben und bis zum Servieren im Kühlschrank kühl stellen. Die Millefeuilles schmecken am besten am Tag der Zubereitung, sie lassen sich jedoch auch bis zu 2 Tage im Kühlschrank aufbewahren. Die Blätterteigstreifen können auch einen Tag zuvor vorbereitet werden.

Schokoladen-Pistazien-Marquise

Dieses leichte Dessert ist mit Schokoladen-Ganache gefüllt und hat eine Zwischen- und Deckschicht aus Pistazienteig, umhüllt mit Vanillecreme und Pistazien. Die Ganache ist zwar recht üppig, doch der Teig ist sehr leicht, sodass sie einander perfekt ergänzen.

FÜR DEN TEIG:

4 große Eier

115 g Zucker

115 g Mehl, gesiebt

2 TL Backpulver

100 g fein gehackte Pistazien

FÜR DIE FÜLLUNG:

300 g Zartbitterschokolade

150 g weiche Butter

160 g Zucker

2 EL Kakaopulver, gesiebt

4 große Eigelb

150 g Sahne

ZUM GARNIEREN:

250 g Sahne

½ TL Vanillepulver oder
1 TL Vanilleextrakt

1 EL Puderzucker, gesiebt

100 g fein gehackte Pistazien

tiefes Backblech (40 x 30 cm), ge-fettet und mit Backpapier ausgelegt
Kastenform (20 x 12 x 9 cm)

ERGIBT 8–10 PORTIONEN

Für den Teig Eier und Zucker in einer großen Schüssel mit einem Handrührgerät etwa 5 Minuten verschlagen, bis die Mischung cremig und dick ist. Mehl und Backpulver sieben und mit den gehackten Pistazien vorsichtig unter die Eimischung heben. Die Masse auf dem Backblech verteilen und 15 bis 20 Minuten im vor-geheizten Backofen backen, bis der Teig gerade eben fest und hell goldgelb ist. Den Teig vom Blech nehmen, auf ein Stück Backpapier legen und mit einem sauberen, feuchten Küchentuch bedeckt abkühlen lassen. Küchentuch und Backpapier entfernen.

Für die Füllung die Schokolade unter gelegentlichem Rühren in einem Wasserbad schmelzen lassen. Die Butter in einer Schüssel mit der Hälfte des Zuckers verschlagen. Das Kakaopulver unter-rühren. In einer weiteren Schüssel den restlichen Zucker mit den Eigelben verschlagen, bis die Mischung cremig und sehr hell ist. Die geschmolzene Schokolade und die Buttermischung mit dem Schnee-besen unter die Eigelbmasse mischen. In einer weiteren Schüssel die Sahne sehr steif schlagen und vorsichtig unter die Schokoladen-mischung heben.

Ein Teigrechteck so zurechtschneiden, dass es der Länge der Kastenform entspricht und so breit ist, dass es den Boden und beide Seiten der Form bedeckt. Dabei 2,5 Zentimeter zugeben, sodass das Rechteck über die Form hinausragt. Die Kastenform mit einer doppel-ten Schicht Frischhaltefolie auskleiden und das zurechtgeschnittene Teigrechteck hineindrücken. Den restlichen Teigboden in Rechtecke schneiden, die so groß sind wie der Boden der Kastenform. (Reicht der übrige Teigboden hierfür nicht aus, in kleinere Stücke schneiden und später in der Form zusammensetzen.)

Ein Drittel der Füllung in die Kastenform geben und mit einem Kuchenboden bedecken. Restliche Füllung und übrigen Kuchen-boden in zwei weiteren Schichten darübergeben. Die überhängen-den Kuchenstreifen nach innen einklappen, sodass sie einen Ku-chenboden bilden. Die Form sehr dicht in mehrere Schichten Frischhaltefolie wickeln und über Nacht in den Kühlschrank stellen.

Vor dem Servieren Sahne, Vanille und Puderzucker in einer Schüssel steif schlagen. Marquise aus der Form nehmen und Frisch-haltefolie entfernen. Auf einer Servierplatte anrichten und rundum mit einer dünnen Schicht geschlagener Sahne bedecken. Mit den fein gehackten Pistazien bestreuen. Sofort servieren oder vor dem Servieren bis zu 2 Tage im Kühlschrank aufbewahren.

Maracuja-Schokoladen-Pannacotta

Die ungewöhnliche Kombination von Maracuja und Schokolade lernte ich erstmals kennen, als ich bei der Küchenchefin Hélène Darroze in Paris arbeitete. Unter anderem lernte ich hier, köstliche Schokoladenzuckerwatte und eine leckere Pannacotta herzustellen. Dieses Dessert – eine Pannacotta mit Schichten aus Schokolade und Maracuja – ist eine wunderbare Kombination, inspiriert von den herrlichen Desserts aus Hélènes Restaurant. Die Pannacotta kann bis zu 3 Tage im Kühlschrank aufbewahrt werden und eignet sich daher hervorragend als ein Dessert, das man bei Einladungen im Voraus zubereiten kann.

FÜR DIE MARACUJA-PANNACOTTA:

2 Blatt Gelatine

225 g Sahne

100 g Zucker

4 reife Maracujas

225 g fettarmer Naturjoghurt

FÜR DIE SCHOKOLADEN-PANNACOTTA:

100 g Zartbitterschokolade

2 Blatt Gelatine

225 g Sahne

60 g Zucker

225 g fettarmer Naturjoghurt

ZUM GARNIEREN:

4 reife Maracujas

8 Dariole- oder Auflauf-förmchen

ERGIBT 8 PORTIONEN

Für die Maracuja-Pannacotta die Gelatine einige Minuten in einer Schüssel mit kaltem Wasser einweichen. Die Sahne mit dem Zucker in einem Topf sanft erhitzen, bis sich der Zucker aufgelöst hat. Kurz aufkochen lassen und vom Herd nehmen. Gelatine ausdrücken und zur Creme geben. Alles verrühren, bis sich die Gelatine aufgelöst hat. Die Maracujas halbieren, das Fruchtfleisch mit einem Löffel herausholen und mit einem Löffelrücken durch ein feinmaschiges Sieb in eine große Schüssel passieren, um Saft und Fruchtfleisch von den Kernen zu trennen. Den Joghurt zugeben und unterrühren, die warme Creme zugeben und alles gut verrühren. Die Mischung auf die acht Förmchen verteilen, sodass sie jeweils zur Hälfte gefüllt sind. Abkühlen und im Kühlschrank 4 Stunden fest werden lassen.

Für die Schokoladen-Pannacotta die Schokolade in Stücke brechen und in einem Wasserbad schmelzen lassen. Beiseitestellen und warm halten. Die Gelatine in einer Schüssel mit kaltem Wasser einweichen. Die Sahne mit dem Zucker in einem Topf erwärmen und unter Rühren köcheln lassen, bis sich der Zucker aufgelöst hat. Kurz aufkochen lassen und vom Herd nehmen. Gelatine ausdrücken und zur Creme geben.

Alles verrühren, bis sich die Gelatine aufgelöst hat. Die geschmolzene Schokolade und den Joghurt zugeben und gut unterrühren. Abkühlen lassen und auf die fest gewordene Maracujaschicht in die Förmchen geben. 4 Stunden fest werden lassen.

Vor dem Servieren mit einem scharfen Messer an der Innenseite der Förmchen entlangfahren. Die Förmchen in einen Topf mit heißem Wasser stellen, damit sich die Pannacotta leichter löst, und auf Servierteller stürzen. Falls sich die Pannacotta nicht aus den Förmchen löst, nochmals einige Sekunden in heißes Wasser stellen. Mit einem Löffel das Fruchtfleisch aus den restlichen Maracujas herauslösen und die Pannacotta mit dem Maracujafruchtfleisch garnieren.

Fruchtiges

In diesem Kapitel gibt es einige erfrischend fruchtige Leckereien zu entdecken, darunter ein Ananas-Minz-Parfait, eine cremige Pavlova-Torte mit Pfirsichen und ein verführerisches Himbeer-Likör-Trifle. Gerade Trifles eignen sich perfekt, um sie im Voraus zuzubereiten, denn die Fruchtaromen haben so länger Zeit, das Dessert zu durchdringen und kommen dadurch besser zur Geltung. In diesem Kapitel finden Sie außerdem ein Rezept für einen einfachen Regenbogen-Obstsalat mit Champagnersirup und ein beeindruckendes Blätterteig-Erdbeer-Dessert, das mit knusprigen Blätterteigringen, Erdbeeren und Sahne der Hit auf jeder sommerlichen Gartenparty ist.

Rhabarberbecher mit Vanillesauce

Dieser Fruchtbecher mit seinen rosa und gelben Schichten ist ein perfektes Dessert für Sommertage, und die knusprige Rhabarbergarnitur verleiht ihm eine elegante Note. Statt einzelner Portionen kann man das Dessert auch in einer großen Schale anrichten.

FÜR DIE GEDÜNSTETEN HIMBEEREN:

250 g frische Himbeeren

80 g Zucker

FÜR DEN GEBACKENEN RHABARBER:

800 g Rhabarber, geputzt

2 EL Zucker

½ TL Vanillepulver oder 1 TL Vanilleextrakt

ZUM GARNIEREN UND ANRICHTEN:

300 g Sahne

500 g Mascarpone

200 g Löffelbiskuits

600 ml Vanillesauce (Fertigprodukt)

ofenfeste Form, mit Backpapier ausgelegt

Backblech, mit Silikonmatte oder Backpapier ausgelegt

8 kleine Glasschalen

ERGIBT 8 PORTIONEN

Zunächst die gedünsteten Himbeeren zubereiten. Hierfür Himbeeren, Zucker und 80 Milliliter Wasser in einen Topf geben und etwa 5 Minuten unter Rühren sanft erhitzen, bis die Himbeeren weich sind. Zum Abkühlen beiseitestellen.

Backofen auf 180 °C vorheizen.

Drei Stängel Rhabarber für die Garnitur beiseitelegen. Restlichen Rhabarber in 4 Zentimeter lange Stücke schneiden. Mit Zucker und 1 Esslöffel Wasser in die Form geben und mit Vanille bestreuen. Im vorgeheizten Backofen 20 bis 25 Minuten backen, bis der Rhabarber gerade so weich ist. Nach der Hälfte der Backzeit einmal umrühren. In eine Schüssel geben und abkühlen lassen.

Vom übrigen Rhabarber mit einem Sparschäler lange Streifen abschälen. Von den gedünsteten Himbeeren 2 Esslöffel Saft abnehmen und Rhabarberstreifen mit dem Himbeersaft in einen Topf geben. 1 bis 2 Minuten köcheln lassen, bis sie gerade so weich sind. Rhabarberstreifen etwas eindrehen und auf das vorbereitete Backblech legen. Über Nacht an einem warmen Ort trocknen lassen oder etwa 1 Stunde auf niedrigster Stufe im Backofen backen, bis die Rhabarberstreifen trocken und knusprig sind.

In einer Schüssel Sahne, Mascarpone und abgekühlte gedünstete Himbeeren mit ihrem Saft zu einer dickflüssigen Masse verrühren.

Die Böden der Glasschalen mit einigen Löffelbiskuits auslegen. Sind die Schalen zu klein, die Biskuits halbieren. Hälfte des Rhabarbers auf die Schalen verteilen und mit etwas Rhabarberkochsaft begießen. Einen großen Löffel Himbeercreme und etwas Vanillesauce daraufgeben.

Die Schichtfolge wiederholen und mit Vanillesauce abschließen. Im Kühlschrank mindestens 3 Stunden oder über Nacht fest werden lassen.

Kurz vor dem Servieren mit den gebackenen Rhabarberstreifen dekorieren (nicht zu lange vorher, sonst weichen sie auf). Im Kühlschrank lassen sich die Rhabarberbecher bis zu 3 Tage aufbewahren.

Queen of Puddings

Dieses altehrwürdige englische Dessert wird mit einfachen Zutaten zubereitet. Für sich genommen, mögen Semmelbrösel und Eier vielleicht nicht viel hermachen, doch wenn man sie mit einer süßen Schicht aus Marmelade im Ofen backt und mit luftigem Baiser bedeckt, erhält man ein leckeres Dessert, das jedem schmeckt. Die folgende Variante ist mit Orangensaft und Himbeermarmelade aromatisiert, begleitet von einer warmen fruchtigen Sauce.

FÜR DEN PUDDING:

225 g Semmelbrösel

500 ml Milch

500 g Sahne

abgeriebene Schale von
2 unbehandelten Orangen

100 g brauner Zucker

60 g Butter, zerlassen

4 große Eigelb

FÜR DAS BAISER:

4 große Eiweiß

225 g Zucker

½ TL Vanillepulver oder
Mark von 1 Vanilleschote

**FÜR DIE MARMELADEN-
SCHICHT:**

1 Glas Himbeermarmelade
(ca. 370 g)

frisch gepresster Saft von
1 großen Orange

FÜR DIE SAUCE:

250 g Himbeermarmelade

frisch gepresster Saft von
1 großen Orange

30 g Butter

große ofenfeste Form, gefettet

Spritzbeutel mit großer runder Tülle

ERGIBT 8 PORTIONEN

Für den Pudding Semmelbrösel mit Milch und Sahne in eine große Schüssel geben. Orangenabrieb, braunen Zucker und zerlassene Butter zufügen und alles gut verrühren. Eigelbe verschlagen und in die Mischung rühren. Die Masse in die vorbereitete Form füllen und die Semmelbrösel 30 Minuten in der Flüssigkeit quellen lassen.

Backofen auf 180 °C vorheizen. Pudding im vorgeheizten Backofen in 25 bis 30 Minuten goldgelb backen.

Für das Baiser die Eiweiße in einer Schüssel mit einem Handrührgerät sehr steif schlagen, den Zucker löffelweise unterheben und die Vanille unterrühren. Für die Marmeladenschicht die Himbeermarmelade und den Orangensaft vermischen.

Pudding aus dem Ofen nehmen und Marmeladenmischung darauf verteilen. Die Baisermasse in den Spritzbeutel füllen und als große Tupfen auf die Marmeladenschicht aufspritzen. Dazu den Spritzbeutel jeweils anheben, sodass sich hohe Spitzen bilden. Ist kein Spritzbeutel vorhanden, die Baisermasse mit einem Löffel auf die Marmelade geben und mit einer Gabel oder einem Spatel zu dekorativen Spitzen formen.

Das Dessert im vorgeheizten Backofen weitere 25 bis 30 Minuten backen, bis das Baiser goldgelb ist.

Für die Sauce Himbeermarmelade mit Orangensaft und Butter unter Rühren in einem Topf sanft erhitzen, bis die Butter geschmolzen ist. Durch ein Sieb passieren, um die Himbeerkerne zu entfernen, und sofort noch warm zum Dessert servieren. Dazu nach Belieben dickflüssige Sahne (35 % Fett) reichen.

Himbeer-Likör-Trifle

FÜR DAS GELEE:

2 Päckchen Götterspeisepulver
mit Himbeergeschmack
(für 1 l Wasser)

200 g TK-Himbeeren

frisch gepresster Saft von
1 großen Orange

FÜR DEN TEIG:

115 g Zucker

115 g weiche Butter

2 große Eier

85 g Mehl

½ TL Backpulver

60 g gemahlene Mandeln

100 g frische Himbeeren

FÜR DIE HIMBEERCREME:

250 g Mascarpone

300 g Crème fraîche oder
saure Sahne

1 EL Puderzucker, gesiebt

200 g TK-Himbeeren, aufgetaut

**ZUM GARNIEREN UND
ANRICHTEN:**

2–3 EL Beerenlikör (z. B. Chambord)

150 g TK-Himbeeren, aufgetaut

250 g Sahne

½ TL Vanillepulver oder
1 TL Vanilleextrakt

1 EL Puderzucker, gesiebt

einige gefriergetrocknete Himbeeren,
klein gehackt, zum Garnieren

große Glasschale
*Springform (20 cm Ø), gefettet und
mit Backpapier ausgelegt*

ERGIBT 8–10 PORTIONEN

Als Inspiration für dieses Dessert diente Chambord, ein aromatischer Beerenlikör. Er zählt zu den Lieblingsgetränken meiner Freundin Julia, und sie bat mich, dieses Rezept ins Buch aufzunehmen. Möchten Sie das Dessert alkoholfrei zubereiten, können Sie es auch mit Himbeersirup oder -püree aromatisieren – das Endergebnis schmeckt ebenso gut. Bei der Zubereitung verwende ich sowohl tiefgekühlte als auch frische Himbeeren. Wenn man TK-Himbeeren auftaut, erhält man einen aromatischen Himbeersaft, mit dem man Himbeergelee und -creme eine intensivere Farbe und Geschmacksnote verleihen kann. Für den Himbeer-Mandel-Teig sollte man frische Himbeeren verwenden, da der Teig sonst durch die zusätzliche Flüssigkeit aufweicht.

Für das Gelee Götterspeise nach Packungsanweisung zubereiten. Die tiefgekühlten Himbeeren und den Orangensaft zur Götterspeise geben und alles in die Glasschale gießen. Abkühlen lassen und über Nacht im Kühlschrank fest werden lassen.

Backofen auf 180 °C vorheizen.

Für den Teig Zucker und Butter in einer Schüssel mit einem Handrührgerät verschlagen, bis die Mischung hell und glatt ist. Die Eier einzeln zufügen und alles verrühren. Gesiebtes Mehl und Backpulver einrühren, gemahlene Mandeln zugeben und vorsichtig unterheben. Die Mischung in die vorbereitete Springform füllen und die gewaschenen, trocken getupften Himbeeren gleichmäßig darauf verteilen. Im vorgeheizten Backofen 35 bis 40 Minuten backen, bis der Teig fest ist und auf Fingerdruck zurückfedert. Auf einem Kuchengitter abkühlen lassen.

Für die Himbeercreme Mascarpone, Crème fraîche oder saure Sahne und Puderzucker in einer Schüssel verrühren. Die aufgetauten Himbeeren mitsamt dem Saft zufügen und alles verrühren, bis die Creme eindickt.

Den Kuchen in Stücke schneiden und über das Gelee in der Glasschale schichten. Die Kuchenschicht mit dem Beerenlikör beträufeln und die aufgetauten Himbeeren mitsamt dem Saft darauf verteilen. Die Himbeercreme gleichmäßig darüberschichten. Die Sahne mit Vanille und Puderzucker in einer Schüssel steif schlagen und über die Himbeeren verteilen. Bis zum Servieren in den Kühlschrank stellen und kurz vor dem Servieren mit den gefriergetrockneten Himbeeren garnieren. Mit Frischhaltefolie bedeckt, hält sich das Trifle bis zu 3 Tage im Kühlschrank (erst danach mit den gefriergetrockneten Himbeeren garnieren).

Orangen-Mandelgebäck-Dessert à la Boodle's

Der Boodle's Club in der Londoner St. James's Street wurde 1764 gegründet, und dieses leckere Dessert ziert seit vielen Jahren seine Speisekarte. Es enthält zwei meiner Lieblingszutaten – zartes, leicht nach Vanille duftendes Mandelgebäck und eine aromatische Zitruscreme. Während meiner Studienzeit habe ich dieses Dessert öfters für Dinnerpartys zubereitet. Dies hatte ich längst vergessen, bis mich meine liebe Freundin Fay Tinnion, der ich hiermit danken möchte, daran erinnerte.

FÜR DAS MANDELGEBÄCK:

100 g Butter

100 g gemahlene Mandeln

120 g Zucker

50 g Mehl, gesiebt

½ TL Vanillepulver oder
1 TL Vanilleextrakt

3 große Eiweiß

FÜR DIE ZITRUSCREME:

2 unbehandelte Zitronen

3 unbehandelte Orangen

100 g Zucker

600 g Sahne

ZUM GARNIEREN:

1 unbehandelte Orange

2 EL Zucker

*Muffinblech mit 12 Mulden, gefettet
große Glasschale*

ERGIBT 8 PORTIONEN

Backofen auf 180 °C vorheizen.

Für das Mandelgebäck die Butter in einem Topf zerlassen und zum Abkühlen beiseitestellen. Gemahlene Mandeln, Zucker, Mehl und Vanille in einer Schüssel vermischen. Die zerlassene Butter untermischen.

In einer weiteren Schüssel die Eiweiße mit einem Handrührgerät sehr steif schlagen. Ein Drittel des Eischnees zur Mandelmischung geben und locker unterheben. Danach den Rest des Eischnees vorsichtig unterheben, sodass die Mischung locker und luftig bleibt.

Den Teig in die Mulden der Muffinform geben und im vorgeheizten Backofen 15 bis 20 Minuten backen, bis sich das Gebäck fest anfühlt und die Oberfläche goldgelb ist. Mandelgebäck mit einem scharfen Messer vom Rand der Muffinmulden lösen, herausnehmen und auf einem Kuchengitter vollständig abkühlen lassen. Das Gebäck in die Glasschale schichten.

Für die Zitruscreme beide Zitronen und 1 Orange waschen und trocken tupfen, die Schalen fein abreiben und Zitrusabrieb zusammen mit dem frisch gepressten Saft aller Orangen und Zitronen in eine Schüssel geben. Den Zucker zugeben und unter gelegentlichem Rühren in etwa 10 Minuten im Zitrussaft auflösen.

Die Sahne in eine Schüssel geben und ein Drittel der Zitrusmischung zufügen. Alles aufschlagen und restliche Zitrusmischung zugießen. Beginnt die Mischung zu gerinnen, etwas mehr Saft zufügen und rühren, bis sich alles verbindet. So lange aufschlagen, bis die Creme weiche Spitzen bildet. Die Zitruscreme in die Schale geben, sodass das Mandelgebäck vollständig damit bedeckt ist. Über Nacht im Kühlschrank ruhen lassen.

Zum Garnieren die Orange waschen und trocken tupfen und lange Zesten abschälen. Den Saft der Orange auspressen und in einen Topf geben. Den Zucker zufügen und unter Rühren alles köcheln lassen, bis sich der Zucker aufgelöst hat. Die Orangenzesten dazugeben und in etwa 5 Minuten weich kochen. Die Zesten im Sirup abkühlen lassen. Vor dem Servieren aus dem Sirup nehmen und das Dessert damit garnieren. Das Dessert hält sich, mit Frischhaltefolie abgedeckt, im Kühlschrank bis zu 2 Tage.

Erdbeermousse mit Butterkeksstreuseln

Dieses Schichtdessert mit Erdbeermousse und Butterkeksstreuseln ist von einem klassischen amerikanischen Dessert inspiriert: dem Strawberry Shortcake. Die Erdbeermousse mit ihrem feinen Zitronen- und Vanillearoma wird dabei abwechselnd mit Butterkeksstreuseln und Erdbeerscheiben in Gläser geschichtet – das perfekte Dessert für ein Festessen an einem herrlichen Sommerabend.

FÜR DIE MOUSSE:

3 Blatt Gelatine

400 g Erdbeeren, in Scheiben geschnitten

100 g Zucker

½ TL Vanillepulver oder Vanilleschotenpaste

frisch gepresster Saft und abgeriebene Schale von 1 unbehandelten Zitrone

300 g Sahne

80 g Frischkäse

FÜR DIE STREUSEL:

200 g Butterkekse

100 g Butter

ZUM GARNIEREN UND ANRICHTEN:

300 g reife Erdbeeren

150 g Sahne

6 Dessertgläser

2 Spritzbeutel mit großen runden Tüllen

ERGIBT 6 PORTIONEN

Für die Mousse die Gelatine etwa 5 Minuten in einer Schüssel mit kaltem Wasser einweichen. Erdbeeren, Zucker, Vanille, Zitronenabrieb und -saft mit 100 Millilitern Wasser in einen Topf geben und etwa 5 Minuten erhitzen, bis die Erdbeeren sehr weich sind. Die Mischung durch ein Sieb in eine Schüssel passieren, dabei die Erdbeeren mit einem Löffelrücken gut durch die Siebmaschen drücken. Gelatine ausdrücken und zur warmen Erdbeermischung geben. Rühren, bis sich die Gelatine aufgelöst hat, und nochmals durch das Sieb passieren. Abkühlen lassen. Die Sahne und den Frischkäse in einer Schüssel verrühren und die Erdbeermischung unterrühren.

Für die Streusel die Butterkekse fein zerbröseln. Die Butter in einem Topf zerlassen und die Keksbrösel gut unterrühren.

3 Erdbeeren zum Garnieren beiseitelegen. Restliche Erdbeeren putzen, trocken tupfen und in Scheiben schneiden. In jedes Glas einen gehäuften Esslöffel Butterstreusel geben und mit einigen Erdbeerscheiben belegen. Die Erdbeermousse in einen der Spritzbeutel füllen und etwas davon in die Gläser spritzen. Eine zweite Schicht Streusel, Erdbeeren und Mousse darübergeben und die Gläser mindestens 3 Stunden, idealerweise über Nacht, in den Kühlschrank stellen.

Vor dem Servieren die Sahne in einer Schüssel mit einem Handrührgerät sehr steif schlagen und in den zweiten Spritzbeutel füllen. Die Ränder des Desserts mit kleinen Tupfen der Sahne verzieren. Die beiseitegestellten Erdbeeren putzen, trocken tupfen und halbieren und die Desserts jeweils mit einer halbierten Erdbeere garnieren.

Regenbogen-Obstsalat mit Champagnersirup

Obstsalat mag zwar frisch und gesund sein, aber er ist nicht unbedingt das originellste Dessert. Dies ist jedoch eine aufgepeppte Variante: Schichten von Obst in dekorativen Gläsern, mit Champagnersirup verfeinert, serviert mit Holunderblüten-Crackern. Die unten aufgeführten Früchte sind nur als Vorschlag gedacht. Sie können jede Obstsorte verwenden, auf die Sie gerade Lust haben – im Winter zum Beispiel Zwetschgen, Brombeeren und Granatäpfel. Die benötigte Obstmenge hängt von der Größe der verwendeten Gläser ab. Man kann das Obst auch in eine große Glasschale schichten, was ebenfalls sehr appetitlich aussieht. Die dünn ausgebackenen, knusprigen Cracker ergänzen das Dessert mit einer weiteren Textur. Bei Zeitmangel können hierzu jedoch auch gekaufte Kekse dienen.

FÜR DEN SIRUP:

300 ml Champagner oder anderer Schaumwein

2 EL Holunderblütensirup

100 g Zucker

FÜR DEN OBSTSALAT:

250 g Erdbeeren

1 reife Mango

2 Handvoll grüne und rote Weintrauben

120 g Himbeeren

2 Nektarinen

3 Kiwis

FÜR DIE HOLUNDERBLÜTEN-CRACKER:

50 g Holunderblütensirup

50 g Butter

150 g Mehl, gesiebt

100 g Puderzucker, gesiebt

1 großes Eiweiß

2 EL fein gehackte Pistazien

2 Backbleche, mit Silikonmatten oder Backpapier ausgelegt

6 Dessertgläser

ERGIBT 6 PORTIONEN

Zunächst den Sirup zubereiten, da er gekühlt werden muss, bevor er über das Obst gegeben wird. Hierzu Champagner oder anderen Schaumwein, Holunderblütensirup und Zucker in einem Topf unter Rühren erhitzen, bis sich der Zucker aufgelöst und sich ein dünner Sirup gebildet hat. Nicht kochen lassen, damit der Alkohol nicht verdunstet. Nach dem Abkühlen mindestens 3 Stunden im Kühlschrank ruhen lassen.

Für den Obstsalat alle Früchte waschen bzw. schälen, je nach Art entkernen, in kleine Stücke schneiden und in getrennten Schälchen beiseitestellen. Das Obst abwechselnd nach Farben in die Gläser schichten. Mindestens 1 Stunde im Kühlschrank ruhen lassen.

Für die Holunderblüten-Cracker den Backofen auf 180 °C vorheizen. Den Holunderblütensirup in eine Schüssel geben. Die Butter in einem Topf zerlassen, etwas abkühlen lassen und zum Sirup geben. Mehl, Puderzucker und Eiweiß zufügen und einige Minuten mit einem Pürierstab vermischen, bis sich eine glatte Paste bildet. Die Paste löffelweise mit etwas Abstand auf die vorbereiteten Backbleche geben und mit einer Palette oder einem Löffel dünn zu ca. 18 Kreisen mit etwa 8 Zentimetern Durchmesser verstreichen. Mit den fein gehackten Pistazien bestreuen und im vorgeheizten Backofen 10 bis 14 Minuten hell goldgelb backen.

Vor dem Servieren etwas Sirup über jeden Obstsalat geben und sofort mit einigen Holunderblüten-Crackern servieren.

Blätterteig-Erdbeer-Turm

Dieses Dessert sieht spektakulär aus, fast wie ein klassischer französischer Croquembouche (Windbeutelpyramide), ist aber viel leichter zuzubereiten und schmeckt leicht und zart. Nach Belieben können Sie auch kleinere Einzelportionen zubereiten oder für besondere Gelegenheiten die Zahl der Blätterteigringe erhöhen und so einen höheren Turm aufschichten.

500 g Blätterteig (Fertigprodukt)

etwas Mehl für die Arbeitsfläche

1 großes Ei, verschlagen

1 EL Zucker

300 g Sahne

2 EL Puderzucker

Mark von 1 Vanilleschote oder
1 TL Vanilleextrakt

400 g Erdbeeren, in Scheiben geschnitten

etwas Puderzucker
zum Bestäuben

großes Backblech (oder 2 kleinere Backbleche), mit Silikonmatten oder Backpapier ausgelegt

runder Ausstecher (8 cm Ø)

ERGIBT 6 PORTIONEN

Backofen auf 200 °C vorheizen.

Den Teig auf einer bemehlten Arbeitsfläche mit einem Teigroller zu einem sehr dünnen, großen Rechteck ausrollen. Mit einem 25 Zentimeter großen Teller als Schablone und einem scharfen Messer eine große Teigscheibe ausschneiden. Mithilfe des Teigrollers anheben und auf das vorbereitete Backblech setzen. Dann mithilfe von 14 und 18 Zentimeter großen Tellern zwei kleinere Scheiben ausschneiden. Die beiden kleinen Scheiben auf das Backblech legen und mit dem Ausstecher jeweils einen Kreis aus der Mitte herausstechen. Einen der beiden ausgestochenen Kreise ebenfalls auf das Backblech legen (der andere wird nicht benötigt).

Die Oberseite der Teigkreise und -ringe mit dem verschlagenen Ei bestreichen und mit dem Zucker bestreuen. Im vorgeheizten Backofen 25 bis 30 Minuten backen, bis der Teig aufgegangen, knusprig und goldgelb ist. Auf dem Backblech abkühlen lassen.

Kurz vor dem Servieren Sahne, Puderzucker und Vanille in einer sauberen Schüssel mit einem Handrührgerät steif schlagen.

Die größte Blätterteigscheibe auf eine Servierplatte setzen und etwa die Hälfte der geschlagenen Sahne darübergeben. Mit einigen in Scheiben geschnittenen Erdbeeren bedecken. Vorsichtig etwas geschlagene Sahne auf die Oberseite des größten Gebäckrings geben und auf die Erdbeerschicht setzen. Einige Erdbeeren daraufgeben. Den kleineren Ring wiederum mit Sahne und Erdbeeren bedecken und auflegen. Die kleine Blätterteigsscheibe obenauf legen. Das Dessert mit Puderzucker bestäuben und sofort servieren. Zum Portionieren in Stücke ein sehr scharfes Messer verwenden. Am besten schmeckt das Dessert am Tag der Zubereitung, der Blätterteig kann jedoch nach Belieben schon einen Tag vorher gebacken werden.

Pfirsich-Pavlova

Dieses aromatische, leichte Dessert gehört zu meinen Lieblingsrezepten. Es besteht aus drei knusprigen Baiserschichten mit einer Pfirsichcremefüllung, die mit Mandellikör verfeinert wird. Die Baiserschichten werden mit Mandelblättchen bestreut, und die Krönung des Desserts sind leckere in Mandellikör gedünstete Pfirsichstückchen.

FÜR DIE PFIRSICHCREME:

2 reife Pfirsiche

30 g Butter

75 ml Mandellikör
(z. B. Amaretto)

600 g Sahne

FÜR DAS BAISER:

5 große Eiweiß

280 g Zucker

½ TL Vanillepulver

orange Lebensmittelfarbe
in Gel- oder Pastenform

40 g Mandelblättchen

**FÜR DIE GEDÜNSTETEN
PFIRSICHE:**

4 reife Pfirsiche

75 ml Mandellikör
(z. B. Amaretto)

1 EL Zucker

ZUM GARNIEREN:

etwas Puderzucker zum
Bestäuben

Bräter
3 Backbleche, mit Silikonmatten
oder Backpapier ausgelegt

ERGIBT 8–10 PORTIONEN

Backofen auf 180 °C vorheizen. Für die Pfirsichcreme Pfirsiche waschen, trocken tupfen, halbieren und entkernen. Mit Butter und Mandellikör in den Bräter geben und etwa 30 Minuten im vorgeheizten Backofen backen, bis die Pfirsiche weich sind. Abkühlen lassen und in einem Standmixer pürieren. Bis zur Weiterverarbeitung kühl stellen.

Die Ofentemperatur auf 140 °C reduzieren.

Für das Baiser die Eiweiße in einer Schüssel mit einem Handrührgerät steif schlagen und den Zucker nach und nach löffelweise zugeben. Vanille untermischen. Ein Drittel der Baisermasse als Kreis mit etwa 20 Zentimetern Durchmesser auf eines der vorbereiteten Backbleche geben.

Die restliche Baisermasse mit wenig Lebensmittelfarbe orange färben (das Baiser sollte schön pfirsichfarben sein). Jeweils die Hälfte der eingefärbten Baisermasse kreisförmig mit ebenfalls etwa 20 Zentimetern Durchmesser auf einem der anderen Backbleche verteilen. Die Baisers mit den Mandelblättchen bestreuen.

Die Baisers im vorgeheizten Backofen in etwa 1½ Stunden knusprig backen und abkühlen lassen. Für die gedünsteten Pfirsiche die Pfirsiche in einen Topf geben und mit Wasser bedecken. Mandellikör und Zucker zugeben und etwa 20 Minuten köcheln lassen, bis die Pfirsiche weich sind. Vom Herd nehmen und die Pfirsiche mit einem Schaumlöffel herausheben. Die Haut der Pfirsiche mit einem scharfen Messer einritzen und abziehen. Das Fruchtfleisch in Scheiben schneiden.

Um die Pfirsichcreme fertigzustellen, die Sahne steif schlagen und die pürierten Pfirsiche so untermischen, dass sich eine marmorierte Creme ergibt.

Zum Servieren eines der pfirsichfarbenen Baisers auf eine Servierplatte legen. Hälfte der Pfirsichcreme darauf verteilen und mit der Hälfte der Pfirsichscheiben belegen. Das ungefärbte Baiser darauflegen. Mit der übrigen Pfirsichcreme und den restlichen Pfirsichscheiben bedecken und das letzte Baiser obenauf legen.

Leicht mit Puderzucker bestäuben und sofort servieren. Übrigen Kuchen im Kühlschrank aufbewahren. Die Pavlova schmeckt am besten am Tag der Zubereitung, lässt sich jedoch auch bis zu 2 Tage im Kühlschrank aufbewahren.

Ananas-Minz-Parfait

Frische Ananas ist Tropengeschmack par excellence. Backt man sie, entstehen ganz neue geschmackliche Dimensionen. Minze und Ananas sind eine großartige Kombination. Fügt man dann noch, wie in diesem Rezept, weiße Schokolade hinzu, erhält man ein äußerst schmackhaftes Dessert. Die abwechselnden Schichten aus Ananas und Schoko-Minz-Creme sowie die getrockneten Ananas-Chips wecken Erinnerungen an Urlaubstage unter strahlender Sonne.

FÜR DIE ANANAS:

1 große reife Ananas

1 EL Minze, fein gehackt

2 EL dunkler Muscovadozucker

FÜR DIE SCHOKO-MINZ-CREME:

1 gehäufter EL Muscovadozucker

1 EL Minze, fein gehackt

100 g weiße Schokolade

300 g Sahne

Mandoline (falls vorhanden)

Backblech, mit Silikonmatte oder Backpapier ausgelegt

6 Eisbecher aus Glas

ERGIBT 6 PORTIONEN

Backofen auf 140 °C vorheizen.

Die Ananas mit einem scharfen Messer schälen und die Augen entfernen. Mit einer Mandoline oder einem sehr scharfen Messer sechs sehr dünne Scheiben abschneiden. Die Scheiben auf das vorbereitete Backblech legen und im vorgeheizten Backofen 1 bis 2 Stunden backen, bis sie getrocknet und knusprig sind. Gegen Ende der Backzeit die Ananasscheiben gut beobachten, da sie sehr schnell braun werden. (Die genaue Backzeit hängt von der Stärke der Scheiben und der Saftigkeit der Ananas ab.) Abkühlen lassen.

Die Ofentemperatur auf 180 °C erhöhen.

Den Strunk der restlichen Ananas entfernen und das Fruchtfleisch in Stücke schneiden. Die Stücke in eine ofenfeste Form geben. Die Minze mit dem Zucker im Mörser zerstoßen, sodass die Minzeblätter vollständig in den Zucker eingearbeitet sind. Den Minzzucker über die Ananasstücke streuen und diese im vorgeheizten Backofen etwa 20 Minuten backen, bis sie eben zu karamellisieren beginnen. Aus dem Ofen nehmen und abkühlen lassen.

Für die Schoko-Minz-Creme den Muscovadozucker mit der Minze in einen Topf geben, 60 Milliliter Wasser zufügen und alles unter Rühren köcheln lassen, bis sich der Zucker auflöst und sich ein dünner Sirup bildet. Etwa 10 Minuten abkühlen lassen und den Sirup durch ein feinmaschiges Sieb in eine Schüssel abseihen. Die weiße Schokolade in einem Wasserbad schmelzen lassen. Den Minzsirup unter die geschmolzene Schokolade rühren und alles abkühlen lassen.

In einer Schüssel die Sahne und die Minz-Schokolade mit einem Handrührgerät verrühren, bis die Creme steif wird. Die Minzcreme und die gebackenen Ananasstücke abwechselnd in die Eisbecher schichten. Jeden Becher auf einem Teller mit einem Ananas-Chip anrichten und sofort servieren.

Pflaumen-Streusel-Schichtdessert

In meiner Kindheit waren wir sonntags oft bei meinen Großeltern zu Besuch. Nach dem Sonntagsbraten servierte meine Großmutter meist gebackene Pflaumen, mit etwas Zucker gesüßt und mit Zimt gewürzt. Dieses köstliche Schichtdessert geht auf meine Erinnerung an diese Sonntage zurück. Es besteht aus Mascarponecreme, gebackenen Pflaumen und Butterstreuseln.

FÜR DIE GEBACKENEN PFLAUMEN:

1,2 kg reife rote Pflaumen

100 g Zucker

1 TL Zimtpulver

½ TL Vanillepulver oder
1 TL Vanilleextrakt

FÜR DIE STREUSEL:

300 g Mehl

3 TL Backpulver

200 g kalte Butter

150 g Zucker

FÜR DIE CREME:

500 g Mascarpone

3 EL Puderzucker, gesiebt

600 g Sahne

Backblech, mit Silikonmatte oder Backpapier ausgelegt
große Glasschale

ERGIBT 10 PORTIONEN

Backofen auf 180 °C vorheizen.

Die Pflaumen waschen, trocken tupfen, halbieren und entsteinen. In einer ofenfesten Form mit Zucker, Zimt und Vanille bestreuen und mit 125 Millilitern Wasser übergießen. Im vorgeheizten Backofen 30 bis 40 Minuten backen, bis die Pflaumen weich sind. (Die Backzeit hängt vom Reifegrad der Pflaumen ab.) Abkühlen lassen. Den Backofen eingeschaltet lassen.

Für die Streusel Mehl und Backpulver in eine große Schüssel geben und die Butter in kleinen Stückchen zufügen. Alles vermengen, bis die Mischung an feine Semmelbrösel erinnert und zusammenklebt, wenn man sie mit den Fingern zusammendrückt. Den Zucker unterrühren. Streuselmischung auf dem vorbereiteten Backblech verteilen und im vorgeheizten Backofen 10 bis 15 Minuten backen, bis die Streusel goldgelb sind. Nach der Hälfte der Backzeit wenden, damit die Streusel nicht verbrennen. In eine Schüssel geben und abkühlen lassen.

Sind Streusel und Pflaumen vollständig abgekühlt, Mascarpone, Puderzucker und Sahne in einer Schüssel mit einem Handrührgerät zu einer dickflüssigen Creme verschlagen.

Ein Viertel der Streusel auf dem Boden der Glasschale verteilen. Ein Drittel der Pflaumen in einer gleichmäßigen Schicht darübergeben. Die Pflaumen mit einem Drittel der Creme bedecken und glatt streichen. Vorgang mit zwei weiteren Schichten wiederholen und zuletzt die restlichen Streusel darübergeben. Vor dem Servieren etwa 3 Stunden im Kühlschrank ruhen lassen. Im Kühlschrank lässt sich das Dessert bis zu 3 Tage aufbewahren.

Üppiges

*In diesem Kapitel gibt es opulente Dessertgenüsse zu entdecken:
Ob Schokoterrine mit Erdnussbutter oder Pistazien-Profiteroles
– jedes dieser Desserts ist krönender Abschluss für ein Festessen.
Oder versuchen Sie sich doch einmal an einem Karamell-Brownie-
Käsekuchen mit Schichten aus Brownie- und Käsekuchenteig mit
Karamellsauce. In diesem Kapitel findet sich auch eines meiner
Lieblingsdesserts, ein Toblerone-Tiramisu. Ich bereite es schon seit über
20 Jahren zu, und meine Gäste sind immer wieder davon begeistert.
Bei dieser Variante des italienischen Dessertklassikers wechseln sich
Schichten von Amaretto und Schokolade mit Honig-Mandel-Nugat,
Mascarponecreme und Schokoladenmuffins ab.*

Pistazien-Profiteroles

Dieses hübsche Türmchen aus Profiteroles ist ein perfektes Dessert für eine Feier. Mit einer Füllung aus leichter Pistazien-Chantilly und einer Glasur aus pastellfarbenem Zuckerguss sind die kleinen Windbeutel ein spektakulärer Abschluss für ein Festessen.

FÜR DIE WINDBEUTEL:

100 g Butter, gewürfelt

1 Prise Salz

1 TL Zucker

130 g Mehl, zweimal gesiebt

4 große Eier, verschlagen

FÜR DIE PISTAZIEN-CHANTILLY:

100 g Pistazien

2 EL Puderzucker, gesiebt

600 g Sahne

FÜR DEN ZUCKERGUSS:

500 g Puderzucker, gesiebt

grüne und rosa Lebensmittel-farbe in Gel- oder Pastenform

2 Spritzbeutel mit runden Tüllen

2 Backbleche, mit Silikonmatten oder Backpapier ausgelegt

ERGIBT 10 PORTIONEN

Für die Windbeutel die Butter mit 300 Millilitern Wasser, Salz und Zucker in einem Topf zerlassen. Das Mehl auf einmal zugeben und den Topf vom Herd nehmen. Alles mit einem Holzlöffel kräftig verrühren, bis der Teig eine Kugel bildet und nicht mehr am Topf haftet. 5 Minuten abkühlen lassen (wichtig!). Die verschlagenen Eier mit einem Holzlöffel nach und nach unterrühren, bis sich eine klebrige Masse bildet, die ihre Form behält, wenn man den Löffel herauszieht.

Backofen auf 200 °C vorheizen. Eine Fettpfanne mit etwas Wasser füllen und auf der untersten Schiene des Backofens einschieben.

Den Teig in einen Spritzbeutel füllen und 48 kleine Kugeln (Durchmesser ca. 2,5 Zentimeter) auf die vorbereiteten Backbleche spritzen. Die Teigkugeln im vorgeheizten Backofen etwa 10 Minuten backen. Die Temperatur auf 180 °C reduzieren und die Kugeln weitere 10 bis 15 Minuten backen, bis sie knusprig sind. Aus dem Ofen nehmen und in jede Kugel einen kleinen Schlitz schneiden, damit der Dampf entweichen kann. Wieder in den Ofen schieben und in weiteren etwa 5 Minuten sehr knusprig backen. Abkühlen lassen.

Etwa ein Fünftel der Pistazien fein hacken und zum Garnieren beiseitestellen. Restliche Pistazien in einem Standmixer fein zermahlen und den Puderzucker untermischen. Die Pistazien-Zucker-Mischung mit der Sahne in einer Schüssel mit einem Handrührgerät steif schlagen. Die Pistaziencreme in einen weiteren Spritzbeutel füllen. Mit einem scharfen Messer vorsichtig eine halbkreisförmige Öffnung in den Boden jedes Windbeutels schneiden. Mit dem Spritzbeutel jeweils etwas Pistaziencreme durch die Öffnung in jeden Windbeutel spritzen.

Für den Zuckerguss Puderzucker in eine Schüssel geben, nach und nach 3 bis 4 Esslöffel Wasser zufügen und alles verrühren, bis eine glatte, dickflüssige Masse entstanden ist. Den Zuckerguss gleichmäßig auf zwei Schüsseln verteilen. Die eine Hälfte mit einigen Tropfen Lebensmittelfarbe hellgrün und die andere blassrosa färben.

Vorsichtig zwölf Profiteroles in den grünen Zuckerguss tauchen, auf der Unterseite mit etwas Zuckerguss bestreichen und ringförmig auf einen Tortenständer setzen. Das Innere des Rings mit fünf Profiteroles auslegen. Die äußeren Profiteroles mit gehackten Pistazien bestreuen. Einige Profiteroles in den rosa Zuckerguss tauchen und in einem etwas kleineren Ring daraufsetzen. Abwechselnd weitere Stufen aus grünen und rosa Profiteroles auf dem Turm befestigen und jeweils mit Pistazien bestreuen. Am besten schmeckt das Dessert unmittelbar nach der Zubereitung.

Schokoterrine mit Erdnussbutter

Dieses Dessert enthält eine klassische Kombination: Erdnussbutter und Gelee. Geben Sie die Ganache so darüber, dass die dekorativen Schichten des Desserts noch sichtbar sind.

FÜR DEN TEIG:

5 große Eier

120 g Zucker

120 g gemahlene Mandeln

60 g ungesüßtes Kakaopulver, gesiebt

FÜR DIE BUTTERCREME:

225 g Zucker

4 große Eigelb

250 g Butter

60 g Zartbitterschokolade, geschmolzen

2 EL stückige Erdnussbutter

ZUM GARNIEREN UND ANRICHTEN:

2 EL Himbeergelee

FÜR DIE GANACHE:

150 g Sahne

30 g Butter

100 g Zartbitterschokolade, in Stücke gebrochen

2 EL Glukosesirup

tiefe Backform (35 x 25 cm), mit Backpapier ausgelegt und gefettet

Zuckerthermometer

Kastenform (25 x 12 cm), mit einer dreifachen Schicht Frischhaltefolie so ausgelegt, dass sie über die Kanten hängt

ERGIBT 10 PORTIONEN

Backofen auf 180 °C vorheizen.

Für den Teig Eier und Zucker in einer Küchenmaschine oder in einer Schüssel mit einem Handrührgerät etwa 5 Minuten verrühren, bis die Mischung cremig und sehr dickflüssig ist. Die gemahlenen Mandeln und das Kakaopulver vorsichtig unter die Eimasse heben und alles vermischen. Den Teig in die vorbereitete Backform füllen und mit einem Spatel glatt streichen. Im vorgeheizten Backofen 30 bis 35 Minuten backen, bis der Kuchen auf Fingerdruck zurückfedert. Auf einem Kuchengitter abkühlen lassen.

Für die Buttercreme den Zucker in einem Topf bei geringer Hitze in 60 Millilitern Wasser unter Rühren auflösen und aufkochen lassen, bis 1 Teelöffel der Mischung, der in kaltes Wasser gegeben wird, zu einem glatten, weichen Ball wird (114–115 °C auf dem Zuckerthermometer). Die Eigelbe in einer weiteren Schüssel mit einem Handrührgerät auf hoher Stufe verschlagen, bis sie hell und cremig sind. Die Geschwindigkeit reduzieren und langsam den Zuckersirup zugießen. Weiterrühren, bis die Mischung hell ist, an Volumen zugenommen hat und vollständig abgekühlt ist. Nach und nach die Butter in Flöckchen zugeben, dabei stetig rühren, bis die Butter vollständig eingearbeitet ist. Weiterrühren, bis die Mischung hell und luftig ist. In zwei Hälften teilen: unter eine Hälfte die geschmolzene Schokolade, unter die andere die Erdnussbutter heben.

Den Kuchen waagerecht in vier Rechtecke ungefähr in der Größe der Kastenform schneiden. Eines der Rechtecke in die vorbereitete Kastenform legen und die Hälfte der Schokoladenbuttercreme mit einem Spatel oder einem Messer in einer glatten Schicht auftragen. Lücken gegebenenfalls mit Kuchenresten auskleiden. Ein zweites Rechteck darauflegen und mit Erdnussbuttercreme bestreichen. Das Gelee darauf verteilen. Das dritte Rechteck daraufsetzen und die restliche Schokoladenbuttercreme darübergeben. Das letzte Teigrechteck darauflegen und alles fest in Frischhaltefolie einwickeln. Etwa 2 Stunden im Kühlschrank ruhen lassen.

Für die Ganache Sahne, Butter und Schokolade mit dem Glukosesirup unter Rühren in einem Wasserbad bei geringer Hitze erhitzen, bis die Mischung glatt und glänzend ist. Abkühlen lassen.

Die abgekühlte Terrine auf ein mit Backpapier belegtes Kuchengitter stürzen und vorsichtig mit Ganache überziehen. Etwa 10 Minuten ruhen lassen und die Terrine mit einem Spatel auf eine Servierplatte heben. Mindestens 3 Stunden oder über Nacht kühl stellen. Im Kühlschrank hält sich die Terrine bis zu 3 Tage.

Birnen-Schokoladen-Trifle

Birnen und Schokolade passen perfekt zusammen und beweisen dies auch in dieser leckeren Variante eines klassischen Trifles (siehe Seite 20). Die Birnen werden hierfür in einem Sirup aus Honig und Zimt gedünstet und auf Schokoladenbiskuitrollenscheiben gesetzt, bevor sie mit Schoko-Zimt-Creme und Schokoladenmousse bedeckt werden. Schokoraspel kann man auch selbst machen, indem man sie mit einem Sparschäler von einer Tafel Schokolade abschält. Die Schokolade muss dafür Raumtemperatur haben und darf nicht gekühlt sein.

FÜR DIE SCHOKO-ZIMT-CREME:

100 ml Milch

150 g Sahne

100 g weiße Schokolade

1 großes Ei und 1 Eigelb

75 g Zucker

1 TL Zimtpulver

2 EL Speisestärke

FÜR DIE BIRNEN:

7 reife Birnen

1 EL flüssiger Honig

1 TL Zimtpulver

FÜR DIE SCHOKOLADEN-MOUSSE:

200 g Milchschokolade

3 große Eiweiß

50 g Zucker

ZUM GARNIEREN UND ANRICHTEN:

1 große oder 8 kleine Schokoladenbiskuitrollen

einige Schokoraspel

große Glasschale

ERGIBT 8–10 PORTIONEN

Zuerst die Schoko-Zimt-Creme zubereiten, da sie vor der Weiterverarbeitung abkühlen muss. Hierfür Milch und Sahne in einem Topf zum Kochen bringen. Vom Herd nehmen und die in Stücke gebrochene weiße Schokolade zufügen. Alles verrühren, bis die Schokolade geschmolzen ist. In der Zwischenzeit in einer Schüssel Ei, Eigelb, Zucker, Zimt und Speisestärke zu einer dicken Creme verschlagen. Die heiße Milchmischung zugießen und verrühren, bis alles gut vermischt ist.

Wieder in den Topf geben und rühren, bis die Creme eingedickt ist. Vom Herd nehmen und in eine Schüssel geben. Nicht im Topf lassen, da die Creme sonst gerinnen kann. Gerinnt sie dennoch, die Creme mit einem Gummispatel durch ein Sieb passieren und aufschlagen. Abkühlen lassen.

Die Birnen schälen, vierteln und die Kerngehäuse entfernen. In einem großen Topf mit Wasser bedecken. Honig und Zimt zufügen und 15 bis 20 Minuten köcheln lassen, bis die Birnen gerade eben weich werden. Durch ein Sieb abgießen, abtropfen und abkühlen lassen.

Für die Schokoladenmousse Milchschokolade in Stücke brechen und in einem Wasserbad schmelzen lassen. Die Eiweiße in einer sauberen, trockenen Schüssel steif schlagen und den Zucker löffelweise untermischen. Die geschmolzene Schokolade vorsichtig unter den Eischnee heben, damit dieser zwar luftig bleibt, die Schokolade aber vollständig untergemischt ist. Beiseitestellen.

Die Schokoladenbiskuitrolle in Scheiben schneiden (Mini-Rollen halbieren) und den Boden sowie die Seiten der Glasschale damit auskleiden. Die Birnen darauflegen und mit der Schoko-Zimt-Creme bedecken. Die Schokoladenmousse vorsichtig daraufgeben und das Trifle mindestens 3 Stunden oder über Nacht in den Kühlschrank stellen.

Vor dem Servieren mit den Schokoraspeln bestreuen. Im Kühlschrank hält sich das Dessert bis zu 3 Tage.

Limetten-Trifle

Key Lime Pie ist eine beliebte Kuchenspezialität aus Florida, und dieses davon inspirierte Dessert ist ebenso zitronig. Es besteht aus einem leichten Limettenteig und einer säuerlichen Zitruscreme. Falls Sie keinen Lime Curd (Limettencreme) bekommen, können Sie stattdessen Lemon Curd (Zitronencreme) verwenden und ein Zitronen-Limetten-Trifle kreieren.

FÜR DEN TEIG:

115 g Zucker

115 g weiche Butter

2 große Eier

115 g Mehl, gesiebt

1 TL Backpulver

1 EL saure Sahne oder Naturjoghurt

abgeriebene Schale von 2 unbehandelten Limetten

FÜR DIE LIMETTENMOUSSE:

1 Dose gesüßte Kondensmilch (400 g)

frisch gepresster Saft von 6 Limetten

300 g Sahne

FÜR DIE STREUSELSCHICHT:

300 g Ingwerkekse

150 g Butter, zerlassen

FÜR DIE LIMETTENCREME:

frisch gepresster Saft von 2 Limetten

325 g Lime Curd (Limettencreme)

grüne Lebensmittelfarbe in Gel- oder Pastenform (nach Belieben)

ZUM GARNIEREN UND ANRICHTEN:

300 g Sahne

75 ml Kokosnussrum (nach Belieben)

Muffinblech mit 12 Mulden, mit Papierförmchen ausgelegt

große Glasschale

ERGIBT 8–10 PORTIONEN

Backofen auf 180 °C vorheizen.

Für den Teig Zucker und Butter in einer Schüssel mit einem Handrührgerät verschlagen, bis die Mischung hell und glatt ist. Die Eier einzeln zufügen und alles gut verrühren. Mit einem Spatel vorsichtig Mehl, Backpulver, saure Sahne oder Joghurt und abgeriebene Limettenschale unterheben. Die Masse in die Muffinmulden verteilen und im vorgeheizten Backofen 20 bis 25 Minuten backen, bis die Muffins fest geworden sind und auf Fingerdruck zurückfedern. Auf einem Kuchengitter abkühlen lassen und aus den Papierförmchen nehmen.

Für die Limettenmousse die Kondensmilch in einer Schüssel mit dem Limettensaft verrühren. Die Sahne zufügen und weiterrühren, bis die Mischung anzudicken beginnt.

Für die Streuselschicht die Ingwerkekse in einer Küchenmaschine oder einem Standmixer fein zerbröseln und die zerlassene Butter unterrühren, bis die Keksbrösel von Butter umhüllt sind.

Für die Limettencreme den Limettensaft in einer Schüssel mit dem Lime Curd verrühren und nach Belieben etwas grüne Lebensmittelfarbe zufügen.

Die Sahne sehr steif schlagen. Die Muffins waagerecht durchschneiden und die Hälfte mit der Schnittfläche nach oben auf den Boden der Glasschale setzen. Nach Belieben die Hälfte des Kokosrums darüberträufeln. Die Hälfte der Limettenmousse darübergeben und mit einem Drittel der Keksstreusel bestreuen. Mit der Hälfte der Limettencreme bedecken. Die restliche Limettenmousse darübergeben und mit den restlichen Muffinhälften belegen. Nach Belieben mit restlichem Rum beträufeln. Die restliche Limettencreme und die Hälfte der übrigen Keksstreusel darübergeben und mit der geschlagenen Sahne bedecken. Mit den restlichen Keksstreuseln bestreuen. Im Kühlschrank mindestens 3 Stunden kalt werden lassen. Mit Frischhaltefolie bedeckt, hält sich das Limetten-Trifle im Kühlschrank bis zu 3 Tage.

Karamell-Brownie-Käsekuchen

Käsekuchen kommt immer gut an. Diese gestreifte Variante ist besonders ansprechend. Die Schichten bestehen aus Brownieteig, Karamellkäsekuchenteig und einer Mischung aus beiden Teigen. Nach Belieben können Sie dem Kuchen etwas mehr Biss verleihen, indem Sie der Käsekuchenmasse 200 Gramm fein gehackte Pekannüsse zufügen.

FÜR DEN BROWNIETEIG:

200 g Zartbitterschokolade, in Stücke gebrochen

125 g Butter

3 große Eier

250 g Zucker

100 g Mehl, gesiebt

FÜR DEN KÄSEKUCHENTEIG:

360 g zimmerwarmer Frischkäse

400 g Crème fraîche oder saure Sahne

250 g Karamellsauce

3 große Eier

1 EL Mehl

ZUM GARNIEREN UND ANRICHTEN:

etwas dickflüssige Sahne (35 % Fett)

Springform (23 cm Ø), gefettet und mit Backpapier ausgelegt

ERGIBT 10 PORTIONEN

Backofen auf 180 °C vorheizen.

Für den Brownieteig die Schokolade mit der Butter in einem Wasserbad schmelzen lassen. Vom Herd nehmen und abkühlen lassen.

Eier und Zucker mit einem Handrührgerät in einer Schüssel etwa 3 bis 5 Minuten verschlagen, bis die Masse cremig und sehr hell ist. Das Mehl und die geschmolzene Schokoladenmischung unterheben.

Für den Käsekuchenteig Frischkäse, Crème fraîche oder saure Sahne, Karamellsauce, Eier und Mehl in einer Schüssel zu einer glatten Masse verrühren.

Die Außenseite der Springform kreuzweise mit mehreren Lagen Alufolie umwickeln, um sie wasserdicht zu machen, da der Käsekuchen im Wasserbad gegart wird. Die Hälfte des Brownieteigs in einer gleichmäßigen Schicht in die Form füllen. Ein Drittel des Käsekuchenteigs unter den restlichen Brownieteig heben.

Die Hälfte des restlichen Käsekuchenteigs auf die Brownieteigschicht in der Kuchenform geben. Darauf die Schokoladen-Käsekuchen-Masse geben und vorsichtig glatt streichen. Den übrigen Käsekuchenteig in die Form füllen und sehr vorsichtig glatt streichen, damit sich die Schichten nicht vermischen.

Die Springform in einen großen Bräter stellen und diesen mit kochend heißem Wasser füllen. Den Kuchen 1 bis 1¼ Stunden im vorgeheizten Backofen backen, bis der Käsekuchen fest geworden ist, in der Mitte jedoch noch etwas nachgibt. Droht die Kuchenoberseite zu braun zu werden, die Ofentemperatur leicht reduzieren. Abkühlen lassen und im Kühlschrank mindestens 3 Stunden kühl stellen. Mit einem Klecks flüssiger Sahne servieren. Im Kühlschrank hält sich der Käsekuchen bis zu 3 Tage.

Espressokuchen mit karamellisiertem Baiser

Ein wirklich spektakuläres Dessert! Der Kuchen besteht aus drei Schichten und hat eine Hülle aus leckerem Kaffeebaiser. Im Inneren versteckt sich eine köstliche Espresso-Ganache.

FÜR DEN TEIG:

280 g Zucker

280 g weiche Butter

5 große Eier

280 g Mehl

2 TL Backpulver

1 EL Instantkaffeepulver

180 g fettarmer Naturjoghurt

FÜR DIE GANACHE:

240 g Kaffeeschokolade

115 g weiche Butter

120 g Puderzucker, gesiebt

3 große Eigelb

200 g Sahne

50 ml Espresso

FÜR DAS BAISER:

150 g Zucker

60 g Glukosesirup

125 ml Espresso

3 große Eiweiß

3 Springformen (20 cm Ø), gefettet und mit Backpapier ausgelegt

Spritzbeutel mit großer runder Tülle

Zuckerthermometer

Flambierbrenner

ERGIBT 10 PORTIONEN

Backofen auf 180 °C vorheizen.

Für den Teig Zucker und Butter in einer Rührschüssel mit einem Handrührgerät verschlagen, bis die Mischung hell und glatt ist. Die Eier einzeln zufügen und unterrühren. Mehl und Backpulver sieben und vorsichtig darunterheben. Das Kaffeepulver in einem Schälchen in 1 Esslöffel heißem Wasser auflösen und mit dem Joghurt unter die Teigmasse mischen.

Den Teig auf die Springformen verteilen und 25 bis 30 Minuten im vorgeheizten Backofen backen, bis die Teigböden fest sind, auf Fingerdruck zurückfedern und an einem in die Mitte eingestochenen Messer kein Teig mehr haften bleibt. Die Teigböden auf ein Kuchengitter stürzen, vollständig abkühlen lassen und das Backpapier entfernen.

Für die Ganache die Schokolade in Stücke brechen und in einem Wasserbad schmelzen lassen. Die Butter und die Hälfte des Puderzuckers in einer Schüssel zu einer hellen Creme verschlagen. In einer anderen Schüssel die Eigelbe mit dem restlichen Puderzucker verrühren. Die Eimischung mit der geschmolzenen Schokolade unter die Buttermischung heben und glatt rühren. Die Sahne und den Espresso in einer weiteren Schüssel zu einer steifen Creme verrühren. Die Creme vorsichtig unter die Schokoladenmischung heben.

Die Ganache in den Spritzbeutel geben und in Kreisen auf einem der Böden verteilen. Den zweiten Boden daraufsetzen und restlicher Ganache bedecken. Den letzten Boden darauflegen und den Kuchen auf einen Tortenteller oder eine Servierplatte stellen.

Für die Baiserhülle den Zucker mit dem Glukosesirup und dem Espresso in einem Topf sanft erhitzen, bis sich der Zucker aufgelöst hat. Zum Kochen bringen und köcheln lassen, bis 1 Teelöffel der Mischung, der in kaltes Wasser gegeben wird, zu einem glatten, weichen Ball wird (114–115 °C auf dem Zuckerthermometer). Die Eiweiße in einer sauberen, trockenen Schüssel steif schlagen und unter stetigem Rühren den heißen Zuckersirup in einem dünnen Strahl zugeben (am besten mit einer Küchenmaschine oder mit einem Handrührgerät und einem Helfer, der den Sirup zugießt). Etwa 10 bis 15 Minuten weiterrühren, bis die Baisermasse abzukühlen beginnt.

Baisermasse auf der Oberseite und den Seiten des Kuchens verstreichen. Das Baiser mit einem Flambierbrenner karamellisieren und den Kuchen sofort servieren. Am besten schmeckt er am Tag der Zubereitung.

Geschichtete Crème brûlée

Eines der größten Vergnügen an einer Crème brûlée ist das Aufbrechen der Karamellkruste, um an die leckere Creme zu gelangen, die sich darunter verbirgt. Meine Variante hat zudem noch einen knusprigen Boden aus Butterstreuseln und eine köstliche Espresso-Ganache. Die Creme ist mit Zimt aromatisiert. Bei einem solchen Dessert greift man gern zum Löffel.

FÜR DEN BODEN:

150 g Schoko-Doppelkekse mit Cremefüllung (z. B. Oreo-Kekse)

85 g Butter

FÜR DIE GANACHE:

100 g Sahne

60 ml Espresso

100 g Zartbitterschokolade, in Stücke gebrochen

30 g Butter

FÜR DIE CREME:

400 g Sahne

4 große Eigelb

60 g Zucker und etwas Zucker zum Bestreuen

1 TL Zimtpulver

6 kleine Glasformen
Flambierbrenner

ERGIBT 6 PORTIONEN

Für den Boden die Schoko-Doppelkekse in einer Küchenmaschine oder einem Standmixer zu feinen Bröseln verarbeiten. Die Butter in einem Topf zerlassen und unter die Brösel rühren, sodass diese von Butter umhüllt sind. Streuselmasse in die Glasformen verteilen, andrücken und abkühlen lassen.

Für die Ganache die Sahne und den Espresso mit der in Stücke gebrochenen Schokolade und der Butter in einen Topf geben und sanft erhitzen, bis Butter und Schokolade geschmolzen sind und die Creme eingedickt ist. Die Ganache auf die Streusel in den Formen geben und im Kühlschrank fest werden lassen.

Für die Creme die Sahne in einem Topf erhitzen und aufkochen lassen. Währenddessen die Eigelbe in einer Schüssel mit Zucker und Zimt zu einer dicken Creme verschlagen. Zur heißen Sahne geben und unterrühren (am besten in einer Küchenmaschine oder mit einem Helfer). Die Creme in einem Wasserbad 20 bis 25 Minuten verschlagen, bis sie einzudicken beginnt. Auf die Ganache in den Formen geben und abkühlen lassen. (Alternativ zum Erwärmen im Wasserbad kann man die Crème brûlée auch bei 180 °C etwa 30 bis 40 Minuten im vorgeheizten Backofen backen, bis sie bei Rütteln leicht wackelt, aber nicht mehr flüssig ist.) Im Kühlschrank abkühlen lassen.

Vor dem Servieren jede Portion mit einer dünnen Schicht Zucker bestreuen und den Zucker mit dem Flambierbrenner karamellisieren. Das Dessert kann bis zu 2 Tage im Kühlschrank aufbewahrt werden, sollte aber erst direkt vor dem Servieren mit Zucker bestreut und mit dem Flambierbrenner karamellisiert werden.

Toblerone-Tiramisu

Italiener werden vielleicht bei dem Gedanken, ihr Nationaldessert mit Toblerone-Muffins statt mit den sonst üblichen Löffelbiskuits zuzubereiten, zusammenzucken. Ich hingegen liebe den leichten Honig-Mandel-Nugat-Crunch, mit dem die Toblerone das Dessert bereichert. Falls Sie nur wenig Zeit haben, können Sie die Toblerone-Muffins aber auch durch gekauften Löffelbiskuit ersetzen und ein ebenso schmackhaftes Ergebnis erzielen.

FÜR DIE MUFFINS:

115 g Zucker

115 g weiche Butter

2 große Eier

100 g Mehl

½ TL Backpulver

30 g ungesüßtes Kakaopulver

80 g Toblerone, in Stücke gehackt

ZUM GARNIEREN UND ANRICHTEN:

2 EL Instant-Kaffeepulver

150 ml Mandellikör (z. B. Amaretto)

200 g Toblerone, gehackt

etwas ungesüßtes Kakaopulver zum Bestäuben

FÜR DIE CREME:

500 g Mascarpone

500 g Crème fraîche oder saure Sahne

3 EL Puderzucker, gesiebt

Muffinblech mit 12 Mulden, mit Papierförmchen ausgelegt

große Glasschale

ERGIBT 8–10 PORTIONEN

Backofen auf 180 °C vorheizen.

Für die Muffins Zucker und Butter in einer Schüssel mit einem Handrührgerät verschlagen, bis die Mischung hell und glatt ist. Die Eier einzeln zufügen und alles gründlich verrühren. Mehl, Backpulver und Kakaopulver darübersieben und vorsichtig unterheben. Die Muffinmulden jeweils zur Hälfte mit dem Teig füllen. Die Toblerونestücke jeweils in die Mitte der Muffinmulden setzen und mit dem restlichen Teig bedecken. Die Muffins im vorgeheizten Backofen 20 bis 25 Minuten backen, bis sie fest geworden sind und auf Fingerdruck zurückfedern. Beiseitestellen, abkühlen lassen und aus den Papierförmchen nehmen.

In einer flachen Schüssel den Instantkaffee in 250 Millilitern kochendem Wasser auflösen. Den Mandellikör zugeben und die Mischung abkühlen lassen. Währenddessen für die Creme Mascarpone, Crème fraîche oder saure Sahne und Puderzucker in einer großen Schüssel verrühren.

Die Hälfte der Muffins mit der Kaffeemischung tränken. Dabei die Muffins einzeln und nur kurz in die Flüssigkeit legen, damit sie nicht zu weich werden und ihre Form behalten. Die in der Kaffeemischung getränkten Muffins auf dem Boden der Glasschale verteilen und mit einem Löffel andrücken.

Die Hälfte der gehackten Toblerone auf die Muffins verteilen und durch ein feinmaschiges Sieb mit etwas Kakaopulver bestäuben. Die Hälfte der Mascarponecreme darübergeben und nochmals etwas Kakaopulver darübersieben. Die restlichen Muffins wie zuvor beschrieben mit der Kaffeemischung tränken und daraufsetzen. Die restliche Toblerone darübergeben und mit einer weiteren Kakaoschicht bedecken. Die restliche Mascarponecreme in einer gleichmäßigen Schicht darauf verteilen und mit Kakao bestäuben. Am besten über Nacht im Kühlschrank abkühlen lassen, damit sich die Aromen entfalten. Im Kühlschrank hält sich das Dessert bis zu 3 Tage.

Baisertürmchen mit Kakao-Nibs

Yotam Ottolenghi ist einer meiner Lieblingsköche. In seinem Café in Islington serviert er unglaubliche Baisers, reine Wolken des Entzückens, die oft als hohe Türme das Schaufenster schmücken. Ich kann einfach nicht daran vorbeigehen, ohne ein Baiser zu kaufen. Mein Dessert aus gestapelten Baisers bezieht seine Inspiration von diesen Kreationen. Die Kakao-Nibs auf den Baiserschichten verleihen ihnen ein intensives Schokoladenaroma.

FÜR DAS BAISER:

5 große Eiweiß

300 g Zucker

100 g Zartbitterschokolade, fein geraspelt

1 TL Vanillepulver

einige Kakao-Nibs

etwas ungesüßtes Kakaopulver zum Bestäuben

FÜR DIE FÜLLUNG:

150 g Zartbitterschokolade

600 g Sahne

2 große Backbleche, mit Silikonmatten oder Backpapier ausgelegt

ERGIBT 8–10 PORTIONEN

Backofen auf 130 °C vorheizen.

Für die Baisermasse die Eiweiße in einer sauberen Schüssel mit einem Handrührgerät sehr steif schlagen. Den Zucker löffelweise zufügen und einrühren, um eine glatte, glänzende Baisermasse zu erhalten. Geraspelte Schokolade und Vanille zufügen und mit einem Spatel vorsichtig unterheben, sodass sich die Schokolade gleichmäßig verteilt, die Baisermasse jedoch noch luftig und locker bleibt.

Die Masse in vier Kreisen, von denen jeder etwas kleiner ist als der jeweils vorhergehende, auf die vorbereiteten Backbleche geben. Der letzte und kleinste Baiserkreis sollte etwas höher und leicht kegelförmig sein, da er die Spitze des Baiserturms bildet. Die Kakao-Nibs grob mahlen, jeweils über die Baiserkreise streuen und mit etwas Kakaopulver bestäuben.

Die Baisers etwa 1½ Stunden im vorgeheizten Backofen knusprig backen. (Werden alle Baisers gleichzeitig auf zwei Schienen gebacken, kann sich die Backzeit für die unteren Baisers verlängern.) Aus dem Ofen nehmen und vollständig abkühlen lassen.

Für die Füllung die Schokolade in Stücke brechen und in einem Wasserbad schmelzen lassen. Beiseitestellen, bis die Schokolade abgekühlt, aber noch flüssig ist.

Zwei Drittel der abgekühlten Schokolade mit der Sahne in eine Schüssel geben und zu einer festen Creme verrühren. Das größte Baiser auf einen Servierteller legen und mit einem Drittel der Creme bedecken. Den nächstkleineren Baiserkreis darauflegen und ebenfalls mit einem Drittel der Creme bedecken. Das dritte Baiser daraufsetzen und die restliche Creme daraufgeben. Den kleinsten, spitz zulaufenden Baiserkreis als Spitze auf den Turm setzen. Die restliche Schokolade über den gesamten Baiserturm geben.

Sofort servieren oder bis zum Verzehr im Kühlschrank aufbewahren, da das Dessert frische Sahne enthält. Der Baiserturm hält sich im Kühlschrank bis zu 2 Tage.

Charlotte russe mit Kaffeegelee

Dies ist ein traditionsreiches Dessert, mit dem Sie Ihre Gäste sicher begeistern werden. Es besteht aus einem Butterstreuselboden, einer Schicht aus Schokocreme mit Kaffeelikör und Kaffeegelee und ist für Kaffeeliebhaber einfach unwiderstehlich.

FÜR DAS KAFFEEGELEE:

3 Blatt Gelatine

250 ml eher schwacher Espresso, frisch gebrüht

60 ml Kaffeelikör (z. B. Patron XO Café Tequila)

50 g weiße Schokolade, in Stücke gebrochen

FÜR DIE SCHOKOCREME:

5 Blatt Gelatine

600 g Sahne

100 g Zartbitterschokolade, in Stücke gebrochen

100 g Zucker

100 ml Kaffeelikör

175 g Löffelbiskuits

FÜR DEN STREUSELBODEN:

250 g Schoko-Doppelkekse mit Cremefüllung (z. B. Oreo-Kekse), in einer Küchenmaschine oder einem Standmixer zu feinen Bröseln zerkleinert

115 g Butter, zerlassen und noch warm

Kranzform (25 cm Ø), idealerweise vor der Verwendung in der Kühltruhe gekühlt

ERGIBT 10 PORTIONEN

Für das Kaffeegelee die Gelatine 5 Minuten in einer Schüssel mit kaltem Wasser einweichen. Gelatine ausdrücken und in einem Topf unter Rühren in heißem (nicht kochendem) Espresso auflösen. Den Kaffeelikör und 100 Milliliter Wasser unterrühren. Die Hälfte des Gelees in die Form füllen und im Kühlschrank in etwa 30 Minuten fest werden lassen. Das restliche Gelee bei Raumtemperatur beiseitestellen. Die Form aus dem Kühlschrank nehmen und die in Stücke gebrochene Schokolade über das Gelee streuen. Das restliche Gelee darübergeben und im Kühlschrank in etwa 1 Stunde fest werden lassen.

Für die Schokocreme die Gelatine 5 Minuten in einer Schüssel mit kaltem Wasser einweichen. Sahne in einem Topf mit Zartbitterschokolade und Zucker erhitzen, bis sich der Zucker aufgelöst hat und die Schokolade geschmolzen ist. (Nicht kochen lassen!) Die Gelatine ausdrücken und zur warmen Schokocreme geben. Rühren, bis sich die Gelatine aufgelöst hat, und die Creme durch ein feinmaschiges Sieb passieren, um noch feste Gelatinestücke zu entfernen. Den Kaffeelikör unterrühren. Abkühlen, aber nicht fest werden lassen.

Die Löffelbiskuits am Rand der Kranzform lückenlos dicht aneinanderlegen. Die Schokocreme hineingeben und 2 Stunden im Kühlschrank vollständig fest werden lassen. Für den Streuselboden die Keksbrösel in einer Schüssel mit der zerlassenen Butter verrühren. Abkühlen lassen und die Butterstreusel auf die fest gewordene Creme geben. Die Streusel vorsichtig mit einem Löffelrücken andrücken und den Boden im Kühlschrank fest werden lassen.

Ist der Boden fest geworden, die Charlotte aus dem Kühlschrank nehmen und mit einem scharfen Messer vorsichtig die Enden der überstehenden Löffelbiskuits bis auf die Höhe des Bodens zurechtschneiden.

Direkt vor dem Servieren die Form vorsichtig einige Sekunden in einen großen, breiten Topf mit kochendem Wasser stellen. Herausnehmen, einen Servierteller auf die Form legen, festhalten und die Form umdrehen. Falls sich die Charlotte nicht aus der Form stürzen lässt, diese nochmals kurz in kochendes Wasser stellen. Sofort servieren. Übriges Dessert im Kühlschrank aufbewahren und innerhalb von 2 Tagen verzehren.

Chiffon-Kuchen mit Himbeeren

Bei diesem luftig-leichten Kuchen werden hauchzarter Teig, Lemon Curd, geschlagene Sahne und Himbeeren übereinandergeschichtet. Für den Teig verwendet man Öl statt Butter. Ersetzt man noch dazu den Lemon Curd und die Sahne durch Obst und Gelee, kann man das Dessert auch vollkommen ohne Milchprodukte zubereiten. Allerdings sind bei der Verwendung von Öl auch ein zusätzliches Triebmittel und Eischnee nötig, um die gewünschte Luftigkeit zu erreichen.

FÜR DEN TEIG:

225 g Mehl

275 g Zucker

2½ TL Backpulver

6 große Eier, getrennt

frisch gepresster Saft von 3 Zitronen und abgeriebene Schale von 1 unbehandelten Zitrone

½ TL Vanillepulver oder 1 TL Vanilleextrakt

150 ml Pflanzenöl

1 TL Weinstein

FÜR DIE FÜLLUNG:

400 g Sahne

300 g frische Himbeeren

4 EL Lemon Curd (Zitronencreme)

etwas Puderzucker zum Bestäuben

Angel-Cake-Form oder flache Kranzform (25 cm Ø), gut gefettet

ERGIBT 8–10 PORTIONEN

Backofen auf 180 °C vorheizen.

Für den Teig das Mehl in eine große Schüssel sieben, 225 Gramm Zucker und Backpulver zufügen und alles gut vermischen. Eigelbe, Zitronensaft und -schale, Vanille und Öl zugeben und alles zu einer cremigen hellen Masse verrühren.

In einer weiteren Schüssel die Eiweiße mit einem Handrührgerät sehr steif schlagen. Den Weinstein unterrühren und löffelweise den restlichen Zucker unter stetigem Rühren untermischen, bis eine glänzende Baisermasse entstanden ist. Ein Drittel dieser Masse unter die Mehlmischung heben. Vorsichtig ein weiteres Drittel der Baisermasse unter den Teig heben. Schließlich das letzte Drittel zugeben und unterheben. Den Teig in die vorbereitete Kuchenform geben und im vorgeheizten Backofen 35 bis 40 Minuten backen, bis der Kuchen goldgelb und fest ist. Aus dem Ofen nehmen, den Kuchen mit einem Messer vom äußeren und inneren Formrand lösen und in der Form abkühlen lassen.

Den Kuchen mit einem scharfen Brotmesser waagerecht in drei ringförmige Böden schneiden. Den untersten Ring auf eine Servierplatte setzen. Für die Füllung die Sahne in einer Küchenmaschine oder in einer Schüssel mit einem Handrührgerät sehr steif schlagen. Die Hälfte der geschlagenen Sahne auf den unteren Kuchenring geben. Mit der Hälfte der gewaschenen, trocken getupften Himbeeren bedecken und etwas Lemon Curd darübergeben. Den zweiten Kuchenring darauflegen, die restliche Sahne, die übrigen Himbeeren und den restlichen Lemon Curd darübergeben. Mit dem letzten Kuchenring bedecken und mit Puderzucker bestäuben. Der Kuchen schmeckt am besten frisch am Tag der Zubereitung, er kann aber auch bis zu 2 Tage in einem luftdichten Behältnis im Kühlschrank aufbewahrt werden.

Gefrorenes

*Wer es gerne eiskalt mag, der findet in diesem Kapitel eine Vielzahl
an Rezepten für Kuchen und Torten direkt aus der Tiefkühltruhe –
von portionsgroßen Eistörtchen bis hin zu einer Zitronenbaiser-
Eistorte für acht Personen mit herrlich säuerlichem Lemon Curd und
Zitronenteig. Kalte Desserts müssen jedoch nicht immer auf sommerliche
Temperaturen abgestimmt sein. So wird z. B. die Pekannuss-Eistorte mit
warmer Karamellsauce serviert, sodass sie auch gut in die Winterzeit
passt. Zu den weiteren Highlights dieses Kapitels gehören eine
Schwarze-Johannisbeer-Eistorte und eine leckere
Schoko-Haselnuss-Eisbombe.*

Kleine Eistörtchen

Diese kleinen Eistörtchen sind das perfekte Überraschungsdessert für eine Party. Die delikaten Sandwiches aus schokoladenglasiertem Teig und Eiscreme kommen bei Ihren Gästen garantiert gut an. Die Wahl der Eiscreme ist ganz Ihrem persönlichen Geschmack überlassen. Ich dekoriere die Törtchen gerne mit kandierten Rosenblütenblättern. Für ein zusätzliches Rosenaroma können Sie dem Teig nach Belieben auch etwas Rosenwasser hinzufügen.

FÜR DEN TEIG:

225 g weiche Butter

225 g brauner Zucker

4 große Eier

150 g Mehl

1½ TL Backpulver

30 g ungesüßtes Kakaopulver

100 g gemahlene Mandeln

2 EL Naturjoghurt

FÜR DIE GLASUR:

100 g Sahne

15 g Butter

1 EL Zuckerrübensirup

100 g Zartbitterschokolade, in Stücke gebrochen

2 gehäufte EL Puderzucker, gesiebt

ZUM GARNIEREN UND ANRICHTEN:

einige kandierte Rosenblütenblätter

400 ml Eiscreme

tiefe Backform (35 x 25 cm), mit Backpapier ausgelegt und gefettet

runder Ausstecher oder Dessertring (6 cm Ø)

ERGIBT 8 EISTÖRTCHEN

Backofen auf 180 °C vorheizen.

Für den Teig Butter und braunen Zucker in einer Schüssel mit einem Handrührgerät zu einer hellen Creme verrühren. Die Eier einzeln zufügen und untermischen. Mehl und Backpulver darübersieben und zusammen mit dem Kakaopulver untermischen. Gemahlene Mandeln und Joghurt unterheben. Den Teig in die vorbereitete Backform füllen und im vorgeheizten Backofen 25 bis 30 Minuten backen, bis der Kuchen fest ist, auf Fingerdruck zurückfedert und an einem in die Mitte eingestochenen Messer kein Teig mehr haften bleibt. Den Kuchen auf ein Kuchengitter stürzen und vollständig abkühlen lassen. Backpapier entfernen und den Kuchen auf ein Schneidebrett legen. Mit dem Ausstecher oder Dessertring 16 Kreise ausstechen.

Für die Glasur Sahne, Butter, Sirup und Schokolade in einem Topf bei geringer Hitze erwärmen, bis Schokolade und Butter geschmolzen sind und eine glatte, glänzende Masse entstanden ist. Den Puderzucker einrühren und die Mischung durch ein feinmaschiges Sieb passieren, um eventuelle Klümpchen zu entfernen.

Ein Kuchengitter mit Backpapier oder Frischhaltefolie bedecken und die Teigkreise darauflegen. Die Teigkreise vollständig mit der noch heißen Glasur überziehen. Mit den kandierten Rosenblütenblättern dekorieren und die Glasur fest werden lassen.

Vor dem Servieren mit dem Ausstecher oder Dessertring aus der Eiscreme Kreise ausstechen. (Dazu das Eis am besten zuvor einige Minuten bei Raumtemperatur ruhen lassen.) Je einen Eiscremekreis zwischen zwei der Schokoküchlein legen und sofort servieren.

Eiscreme-Keks-Sandwiches

Es gibt kaum eine Süßigkeit, mit der man Kindern an einem heißen Sommertag eine größere Freude machen könnte, als mit diesen leckeren Eiscreme-Keks-Sandwiches. Für die Kekse verwende ich Schokolade, Zimt und Orangenschale. Statt der in diesem Rezept verwendeten Vanilleeiscreme können Sie auch Schokoladen- oder Zimteiscreme nehmen. Auch Orangensorbet passt gut dazu. Leichter essen lassen sich die Sandwiches, wenn man sie mit einem Streifen Backpapier umwickelt und das Ganze mit einer Schnur fixiert.

FÜR DIE KEKSE:

350 g Mehl, gesiebt

2 TL Backpulver

200 g Zucker

½ TL Natron

abgeriebene Schale von 1 unbehandelten Orange

1 TL Zimtpulver

125 g Butter

2 EL Zuckerrübensirup

1 großes Ei, leicht verschlagen

200 g Zartbitterschokolade, in Stücke gebrochen

100 g weiße Schokoladenchips

ZUM GARNIEREN UND ANRICHTEN:

500 ml Vanilleeiscreme

2 Backbleche, mit Silikonmatten oder Backpapier ausgelegt

runder gewellter Ausstecher (8 cm Ø)

ERGIBT 10 KEKS-SANDWICHES

Backofen auf 180 °C vorheizen.

Für die Kekse Mehl, Backpulver, Zucker, Natron, Orangenschale und Zimt in einer Schüssel vermischen. Butter und Sirup in einem Topf erwärmen, bis die Butter geschmolzen ist, etwas abkühlen lassen und mit einen Holzlöffel unter die trockenen Zutaten rühren. Das Ei zugeben, alles verrühren und die Schokoladenstücke und -chips untermengen.

Mit ausreichend Abstand etwa 20 esslöffelgroße Teighäufchen auf die Backbleche geben und etwas flach drücken. Im vorgeheizten Backofen 12 bis 15 Minuten backen, bis die Kekse goldgelb sind. Etwa 10 Minuten auf den Backblechen abkühlen lassen, mit einem Spatel auf ein Kuchengitter setzen und vollständig abkühlen lassen.

Mit dem Ausstecher aus dem Vanilleeis Kreise ausstechen. Die Eisscheiben jeweils zwischen zwei Kekse legen. Die Sandwiches sofort servieren, da die Eiscreme sonst zu schmelzen beginnt.

Knickerbocker Glory

Dies ist ein traditionsreiches Dessert, das aber nie an Beliebtheit verloren hat. Ich kenne niemanden, dem diese großen Becher mit Eiscreme, Beeren, Sirup und Waffelröllchen nicht schmecken. Für eine abwechslungsreichere Textur füge ich gerne noch etwas zerbröckeltes Baiser hinzu. In diesem Rezept verwende ich tiefgekühlte Sommerbeeren, da sie sich gut im Tiefkühlfach halten und sich so jederzeit für die Dessertzubereitung verwenden lassen. Sie können stattdessen aber auch frische Beeren nehmen. Welche Beeren man verwendet, ist voll und ganz dem eigenen Geschmack überlassen. Blaubeeren, Erdbeeren, Brombeeren und Himbeeren sind alle gleichermaßen geeignet.

450 g TK-Sommerbeeren

100 g Zucker

½ TL Vanillepulver oder
1 TL Vanilleextrakt

4 Baisernester oder
ca. 70 g Baisertropfen

300 g Sahne

8 Kugeln Vanilleeis

4 frische Kirschen und 4 Waffelröllchen zum Garnieren

4 große Eisbecher aus Glas

ERGIBT 4 PORTIONEN

Die tiefgekühlten Sommerbeeren mit dem Zucker und der Vanille in einem Topf erwärmen und 10 bis 15 Minuten köcheln lassen, bis die Beeren weich sind und die Flüssigkeit zu einem dickflüssigen Sirup eingekocht ist. Beiseitestellen und vollständig abkühlen lassen.

Die Baisers in kleine Stücke zerbrechen. Die Sahne in einer sauberen Schüssel mit einem Handrührgerät halbsteif schlagen. Einen Großteil der Beeren mit etwas Sirup, einem Großteil der Sahne, Vanilleeis und Baiserstückchen in die Gläser schichten.

Die restliche Sahne und die übrigen Beeren daraufgeben (je nach Größe der Gläser bleiben eventuell einige Beeren mit Sirup übrig). Mit gewaschenen, trocken getupften Kirschen und Waffelröllchen garnieren und sofort servieren.

Schoko-Haselnuss-Eisbombe

Meine Freundin Maren liebt Nuss-Nugat-Creme, und dieses Dessert habe ich speziell für sie entwickelt. Die Schokoladenbiskuitrolle, mit der die Schale ausgelegt wird, verleiht der Eisbombe ein schönes Muster – eine perfekte Umhüllung für die leckeren Schichten aus Schoko-Haselnuss-Creme und Eis. Mit gerösteten Haselnüssen garniert, erhält die Eisbombe noch einen leckeren Crunch.

FÜR DIE GANACHE:

50 g Zartbitterschokolade

60 g Sahne

15 g Butter

FÜR DIE SCHOKO-HASELNUSS-CREME:

2 gehäufte EL Nuss-Nugat-Creme (z. B. Nutella)

250 g Sahne

40 g geröstete, gehackte Haselnüsse

ZUM GARNIEREN UND ANRICHTEN:

360 g Schokoladenbiskuitrolle

4 Kugeln Haselnuss- oder Vanilleeis (auf Raumtemperatur)

2 Baisernester oder ca. 35 g Baisertropfen, in kleine Stücke gebrochen

3 EL geröstete, gehackte Haselnüsse

FÜR DIE SCHOKOLADEN-SAUCE:

100 g Zartbitterschokolade

100 g Sahne

2 EL Zuckerrübensirup

30 g Butter

große Puddingschale, mit einer doppelten Schicht Frischhaltefolie ausgelegt

ERGIBT 8 PORTIONEN

Für die Ganache Schokolade, Sahne und Butter in einem Topf erwärmen und glatt rühren. Vollständig abkühlen lassen.

Für die Schoko-Haselnuss-Creme Nuss-Nugat-Creme mit Sahne in einer großen Schüssel mit einem Handrührgerät verquirlen, bis die Creme Spitzen zieht. Die gerösteten, gehackten Haselnüsse unterrühren.

Die Schokoladenbiskuitrolle in Scheiben schneiden und Boden und Seiten der Puddingschale damit auslegen. (Am oberen Rand der Form die Scheiben eventuell halbieren, um die Lücken zu füllen.)

Die Hälfte der Schoko-Haselnuss-Creme in die Form geben, die Ganache und die Eiscreme in einer glatten Schicht darübergeben. Mit dem zerkleinerten Baiser bestreuen und die restliche Schoko-Haselnuss-Creme darüber verteilen. Sind noch Biskuitrollenscheiben übrig, diese in dünne Scheiben schneiden und die Creme damit bedecken. Die Form in mehrere Lagen Frischhaltefolie wickeln und über Nacht im Tiefkühlfach ruhen lassen.

Zum Servieren in einem Topf Schokolade, Sahne, Sirup und Butter unter Rühren erhitzen, bis Butter und Schokolade geschmolzen sind und eine glatte Sauce entstanden ist. Die Eisbombe aus dem Tiefkühlfach nehmen und die Frischhaltefolie entfernen. Auf einem Servierteller anrichten und einige Minuten auf Raumtemperatur kommen lassen. Die warme Schokoladensauce darübergeben, mit gerösteten, gehackten Haselnüssen garnieren, in Stücke schneiden und sofort servieren. Die Eisbombe hält sich im Tiefkühlfach bis zu 1 Monat.

Pekannuss-Eistorte

Pecan Pie ist ein beliebtes amerikanisches Dessert und gehört auch in meiner Familie zu den absoluten Favoriten. Zwischen den Teigböden dieser Eistorte verbergen sich knusprige Pekannüsse. Die Torte wird mit einer heißen Karamellsauce serviert, die das Eis zum Schmelzen bringt. Also Löffel in die Hand und los!

FÜR DEN TEIG:

200 g halbierte Pekannüsse

225 g weiche Butter

225 g brauner Zucker

4 große Eier

190 g Mehl

2 TL Backpulver

1 TL Zimtpulver

½ TL Vanillepulver oder
1 TL Vanilleextrakt

2 EL Naturjoghurt

FÜR DIE KARAMELLSAUCE:

100 g brauner Zucker

100 g Butter

300 g Sahne

ZUM GARNIEREN UND ANRICHTEN:

500 ml Vanille- oder Vanille-Karamell-Eiscreme

2 Springformen (20 cm Ø), gefettet und mit Backpapier ausgelegt

ERGIBT 8 PORTIONEN

Backofen auf 180 °C vorheizen.

Für den Teig 60 Gramm Pekannüsse in einer Küchenmaschine oder in einem Standmixer sehr fein zerkleinern (die Textur sollte gemahlenen Mandeln entsprechen). Die weiche Butter und den braunen Zucker in einer Schüssel zu einer hellen Creme verrühren. Die Eier einzeln zufügen und alles gut verrühren. Mehl, Backpulver, Zimt und Vanille darübersieben und mit den zerkleinerten Pekannüssen und dem Joghurt vorsichtig unterheben.

Den Teig in die vorbereiteten Springformen geben und die restlichen Pekannüsse auf dem Teig verteilen. Im vorgeheizten Backofen 25 bis 30 Minuten backen, bis die Kuchen goldgelb und fest sind, auf Fingerdruck zurückfedern und an einem in die Mitte eingestochenen Messer kein Teig mehr haften bleibt. Die Teigböden auf Kuchengitter setzen, vollständig abkühlen lassen und das Backpapier entfernen.

Für die Karamellsauce den Zucker mit der Butter bei geringer Hitze in einem Topf erwärmen, bis sich der Zucker aufgelöst hat. Die Sahne zufügen und einige Minuten köcheln lassen, bis die Sauce eindickt und eine goldene Karamellfarbe annimmt.

Mit einem Backpinsel etwas Karamellsauce auf die Oberseiten der Kuchen streichen. Zum Servieren einen Teigboden auf einen Servierteller legen. Die Eiscreme auf Raumtemperatur bringen, auf den Kuchen geben und mit einem Messer zu einer gleichmäßigen Schicht verstreichen. Mit dem zweiten Teigboden bedecken und sofort servieren. Die restliche Karamellsauce dazu reichen.

Zitronen-Baiser-Eistorte

Zu meinen liebsten Kindheitserinnerungen gehört ein britisches Eisdessert namens Arctic Roll. Hier stelle ich eine gehobenere Variante vor, bei der leckere Zitronen-Baiser-Schichten von einem leichten Zitronenteig umhüllt sind. Den Geschmack können Sie leicht variieren, indem Sie andere Eissorten, Sorbet, Marmelade, Gelee oder Nuss-Nugat-Creme verwenden.

FÜR DEN ZITRONENTEIG:

4 große Eier

abgeriebene Schale von 1 unbehandelten Zitrone

115 g Zucker

115 g Mehl, gesiebt

2 TL Backpulver

FÜR DIE ZITRONEN-BAISER-MASSE:

300 g Sahne

2 gehäufte EL Lemon Curd (Zitronencreme)

2 Baisernester oder ca. 35 g Baisertropfen, in kleine Stücke gebrochen

ZUM GARNIEREN UND ANRICHTEN:

4 EL Lemon Curd (Zitronencreme)

300 g Zitronensorbet, leicht angetaut

etwas Puderzucker zum Bestäuben

1 Baisernest oder ca. 20 g Baisertropfen, in kleine Stücke gebrochen

tiefes Backblech (34 x 30 cm), gefettet und mit Backpapier ausgelegt

Kastenform (20 x 12 x 9 cm), mit einer doppelten Lage Frischhaltefolie ausgelegt

ERGIBT 8 PORTIONEN

Backofen auf 180 °C vorheizen.

Für den Zitronenteig Eier, Zitronenschale und Zucker in einer großen Schüssel mit einem Handrührgerät etwa 5 Minuten verschlagen, bis die Mischung hell, cremig und sehr dickflüssig ist. Mehl und Backpulver zusammen in eine Schüssel sieben und mit einem Spatel vorsichtig unter die Eimischung heben. Den Teig auf dem Backblech verstreichen und im vorgeheizten Backofen 15 bis 20 Minuten backen, bis der Teigboden gerade eben fest und goldgelb ist. Auf ein Stück Backpapier stürzen, mit einem sauberen, feuchten Küchentuch bedecken und abkühlen lassen.

Küchentuch und Backpapier entfernen und die Kanten des Teigbodens mit einem scharfen Messer begradigen.

Für die Zitronen-Baiser-Masse die Sahne in einer Schüssel steif schlagen und Lemon Curd sowie Baiserstücke untermischen.

Den Teigboden in Streifen schneiden, die lang genug sind, den Boden und die langen Seiten der Kastenform auszukleiden. Die Form damit auslegen, sodass der Teig an den langen Seiten leicht über den Rand der Form hinausragt.

Die Hälfte der Zitronenbaisermasse als gleichmäßige Schicht auf dem Teigboden verteilen. 2 Esslöffel Lemon Curd daraufgeben und dünn verstreichen. Den restlichen Teigboden zu zwei Rechtecken schneiden, die so groß sind wie der Boden der Kastenform. Eines der Rechtecke in die Kastenform auf die Zitronencreme legen und leicht andrücken. Das Zitronensorbet daraufgeben und gleichmäßig verstreichen. Mit der restlichen Baisermasse bedecken. Mit dem übrigen Lemon Curd und dem restlichen Teigrechteck bedecken. Den überstehenden Teigrand auf dem oberen Teigrechteck festdrücken. Die Eistorte fest in Frischhaltefolie wickeln und mindestens 3 Stunden ins Tiefkühlfach stellen.

Zum Servieren aus dem Tiefkühlfach nehmen und die äußere Folienschicht entfernen. Den Kuchen mit der inneren Folie aus der Form heben, umdrehen, sodass die Fugen unten liegen, und auf einen Servierteller setzen. Folie entfernen und die Eistorte auf Raumtemperatur kommen lassen, sodass sie gerade weich genug ist, um sie in Scheiben schneiden zu können. Mit Puderzucker bestäuben, die Baiserstückchen darauf verteilen und sofort servieren. Die Eistorte lässt sich im Tiefkühlfach bis zu 1 Monat aufbewahren.

Baiser-Fruchtsorbet-Schichttorte

Dieses farbenfrohe Dessert ist ideal für all diejenigen, die unter einer Lactose- und/oder Glutenunverträglichkeit leiden. Die dekorativen Regenbogenfarben ergeben sich durch die Verwendung von Mango- und Himbeersorbet. Die Geschmacksrichtungen können Sie jedoch ganz nach Belieben wählen. Ebenfalls gute Kombinationen sind Zitrone und Limette oder Erdbeere und Zitrone. Falls Ihnen die Zeit fehlt, die Sorbets selbst herzustellen, gelingt das Dessert ebenso gut mit gekauftem Sorbet. Sie können auch für jeden Gast einzelne kleine Baisers zubereiten und verschiedene Fruchtsorbets zur Wahl stellen, mit denen jeder sein eigenes Baisertörtchen ganz nach persönlichem Geschmack zusammenstellen kann.

FÜR DAS BAISER:

4 große Eiweiß

225 g Zucker

½ TL Vanillepulver oder
1 TL Vanilleextrakt

FÜR DAS HIMBEERSORBET:

340 g frische Himbeeren

100 g Zucker

frisch gepresster Saft von
1 Zitrone

FÜR DAS MANGOSORBET:

4 reife Mangos

200 g Zucker

ZUM GARNIEREN UND ANRICHTEN:

etwas Puderzucker zum Bestäuben

2 Backbleche, mit Silikonmatten oder Backpapier ausgelegt

Eismaschine

ERGIBT 8 PORTIONEN

Backofen auf 130 °C vorheizen.

Für das Baiser die Eiweiße in einer Schüssel mit einem Handrührgerät sehr steif schlagen. Zucker löffelweise zufügen und alles zu einer glatten, glänzenden Masse verrühren. Die Vanille unterrühren. Die Baisermasse auf den vorbereiteten Backblechen zu drei Kreisen mit etwa 23 Zentimetern Durchmesser verstreichen. Im vorgeheizten Backofen 1 bis 1½ Stunden backen, bis die Baiserkreise leicht goldgelb, fest und knusprig sind. (Werden die Baisers auf zwei Schienen gleichzeitig gebacken, kann sich die Backzeit für das untere Blech verlängern.) Herausnehmen und auf den Backblechen abkühlen lassen.

Für das Himbeersorbet Himbeeren waschen und trocken tupfen. Mit Zucker, Zitronensaft und 250 Millilitern Wasser in einem Topf unter Rühren 10 bis 15 Minuten bei geringer Hitze köcheln lassen, bis sich der Zucker aufgelöst hat und die Himbeeren weich sind. Die Mischung durch ein feinmaschiges Sieb passieren. Vollständig abkühlen lassen. In einer Eismaschine nach Herstellerangabe zu Sorbet verarbeiten. (Ist keine Eismaschine vorhanden, die Himbeermischung in ein tiefkühlgeeignetes Gefäß geben und im Tiefkühlfach fest werden lassen. Dabei alle 20 Minuten mit einer Gabel durchrühren, um die sich bildenden Eiskristalle zu zerkleinern.)

Für das Mangosorbet die Mangos schälen und entkernen. Das Fruchtfleisch in einem Standmixer pürieren. Den Zucker mit 250 Millilitern Wasser in einem Topf unter Rühren köcheln lassen, bis sich der Zucker aufgelöst hat und ein dünner Sirup entstanden ist. Den Sirup kalt werden lassen und im Standmixer mit dem Mangopüree vermischen. Das Püree nach Herstellerangaben in einer Eismaschine zu Eis verarbeiten. (Falls keine Eismaschine vorhanden ist, wie für das Himbeersorbet beschrieben vorgehen.)

Sorbets bis zum Servieren ins Tiefkühlfach stellen. Zum Servieren auf Raumtemperatur kommen lassen, bis die Sorbets weich genug sind, um daraus Kugeln auszustechen. Ein Baiser auf eine Servierplatte setzen und Mangosorbetkugeln daraufgeben. Vorsichtig einen zweiten Baiserkreis darauflegen und Himbeersorbetkugeln daraufsetzen. Vorsichtig mit dem dritten Baiserkreis bedecken und sofort servieren.

Schwarze-Johannisbeer-Eistorte

Diese Süßspeise kann immer wieder begeistern. Die Kombination aus heißem Baiser und Johannisbeer-Vanille-Eis ergibt ein perfektes Eis-und-Heiß-Dessert. Das Dessert wird erst kurz vor dem Servieren fertiggestellt, da das heiße Baiser das darunterliegende Eis zum Schmelzen bringt. Nach Belieben können Sie auch kleine Kreise aus dem Boden ausstechen und auf jeden eine Kugel Eis, einige Schwarze Johannisbeeren und etwas Baiser geben.

FÜR DEN TEIG:

115 g Zucker

115 g weiche Butter

2 große Eier

115 g Mehl, gesiebt

1 TL Backpulver

1 TL Vanilleextrakt

115 g leicht gezuckerte Schwarze Johannisbeeren aus dem Glas (Abtropfgewicht), Einlegesaft aufgefangen

FÜR DAS BAISER:

150 g Zucker

60 g Zuckerrübensirup oder Maissirup

125 ml Johannisbeereinlegesaft (siehe oben)

3 große Eiweiß

½ TL Vanillepulver oder 1 TL Vanilleextrakt

ZUM GARNIEREN UND ANRICHTEN:

800 ml gestrudeltes Johannisbeer-Vanille-Eis

115 g leicht gezuckerte Schwarze Johannisbeeren aus dem Glas (Abtropfgewicht), Einlegesaft aufgefangen

Springform (20 cm Ø), gefettet und mit Backpapier ausgelegt

Zuckerthermometer

Flambierbrenner

ERGIBT 8 PORTIONEN

Backofen auf 180 °C vorheizen.

Für den Teig Zucker und Butter in einer Schüssel mit einem Handrührgerät verrühren, bis die Mischung hell und glatt ist. Die Eier einzeln zufügen und unterrühren. Mehl, Backpulver und Vanilleextrakt vorsichtig untermischen. Die Hälfte der abgetropften Schwarzen Johannisbeeren untermischen. Den Kuchenteig in die vorbereitete Form geben und die restlichen Schwarzen Johannisbeeren auf dem Teig verteilen. Im vorgeheizten Backofen 25 bis 30 Minuten backen, bis der Kuchen goldgelb und fest ist, auf Fingerdruck zurückfedert und an einem in die Mitte eingestochenen Messer kein Teig mehr haften bleibt. Den Kuchen herausnehmen und auf einem Kuchengitter vollständig abkühlen lassen.

Für das Baiser Zucker, Zuckerrüben- oder Maissirup und Johannisbeereinlegesaft in einem Topf erhitzen, bis sich der Zucker aufgelöst hat. Aufkochen lassen, bis 1 Teelöffel der Mischung, der in kaltes Wasser gegeben wird, zu einem glatten, weichen Ball wird (114–115 °C auf dem Zuckerthermometer). In einer trockenen, sauberen Schüssel die Eiweiße steif schlagen. Heißen Johannisbeersirup und Vanille nach und nach zugeben und unterrühren (am besten in einer Küchenmaschine oder mit einem Helfer, der den heißen Sirup beim Rühren mit dem Handrührgerät zugießt). Alles 10 Minuten verrühren und vollständig abkühlen lassen.

Vor dem Servieren den Kuchen waagerecht durchschneiden und das Backpapier entfernen. Einen Kuchenboden auf einen Servierteller setzen. Das Eis auf Raumtemperatur kommen lassen und eine dünne Schicht Eiscreme auf den Kuchenboden geben. Die Hälfte der Schwarzen Johannisbeeren darüber verteilen. Den zweiten Kuchenboden auflegen und mit der restlichen Eiscreme und den übrigen Johannisbeeren bedecken. Die Schichttorte rundherum mit der Baisermasse bedecken. Mit zur Mitte hin geschwungenen Spatelstrichen ein Muster ins Baiser ziehen. Das Baiser mit einem Flambierbrenner bräunen und das Dessert sofort servieren.

Gefrorene Kokosnuss-Mango-Terrine

Kokosnuss und Mango sind eine tropische Kombination, die man beispielsweise oft in thailändischen Desserts findet. Diese tiefgekühlte Terrine besticht durch ihre dekorativen weißen und orangefarbenen Schichten. Sie sind von einer Hülle aus Ingwerstreuseln umgeben, mit der eine wunderbar knusprige Komponente hinzukommt.

FÜR DAS KOKOSNUSSEIS:

3 große Eigelb

100 g Zucker

400 ml Kokosmilch

200 g Sahne

1 große reife Mango

FÜR DIE STREUSELSCHICHT:

200 g Ingwerkekse

100 g Butter, zerlassen und abgekühlt

Eismaschine

Kastenform (24 x 10 cm)

Mandoline (falls vorhanden)

ERGIBT 8 PORTIONEN

Für die Eiscreme in einer Schüssel mit einem Handrührgerät Eigelbe und Zucker verrühren, bis die Masse sehr dick und cremig ist und ihr Volumen verdoppelt hat. Kokosmilch und Sahne in einem Topf zum Kochen bringen. Vom Herd nehmen und die heiße Kokosmischung langsam zur Eigelbmischung gießen, dabei stetig rühren. Die Kokoscreme wieder in den Topf geben und erhitzen, bis sie einzudicken beginnt. Vom Herd nehmen und abkühlen lassen.

Die abgekühlte Kokoscreme in der Eismaschine nach Herstellerangaben zu Eis verarbeiten. (Ist keine Eismaschine vorhanden, die Kokoscreme in ein tiefkühlgeeignetes Gefäß geben und ins Tiefkühlfach stellen. Dabei alle 20 Minuten mit einer Gabel durchrühren, um die sich bildenden Eiskristalle zu zerkleinern.) Die Kastenform im Tiefkühlfach vorkühlen lassen.

Die Mango schälen, entkernen und mit der Mandoline oder einem sehr scharfen Messer in dünne Scheiben schneiden.

Die Kastenform mit einer doppelten Lage Frischhaltefolie auslegen und ein Drittel der auf Raumtemperatur gebrachten Eiscreme auf dem Boden verteilen. Etwa die Hälfte der Mangoscheiben in einer Schicht darauf verteilen. Eine zweite Schicht Eiscreme und restliche Mangoscheiben daraufgeben. Mit der übrigen Eiscreme bedecken. In Frischhaltefolie wickeln und über Nacht im Tiefkühlfach ruhen lassen.

Für die Streuselschicht die Ingwerkekse in einer Küchenmaschine oder einem Standmixer zu feinen Krümeln zerkleinern und in einer Schüssel mit der zerlassenen Butter vermischen. Die Butterstreusel auf einen großen Teller geben. Die Eiscreme aus der Form nehmen, die Frischhaltefolie entfernen und das Eis zügig so in die Streusel drücken, dass es von allen Seiten mit einer dünnen Streuselschicht bedeckt ist. Die Kastenform erneut mit einer doppelten Lage Frischhaltefolie auslegen, das Eis mit der Streuselkruste wieder hineingeben und nochmals 1 Stunde ins Tiefkühlfach stellen.

Zum Servieren die Form aus dem Tiefkühlfach nehmen, die Frischhaltefolie entfernen und die Terrine auf einer Servierplatte anrichten. Einige Minuten auf Raumtemperatur kommen lassen und in Scheiben schneiden. Das Dessert hält sich im Tiefkühlfach bis zu 1 Monat.

Festliches

Die herrlichen Desserts in diesem Kapitel eignen sich perfekt als
kulinarischer Abschluss bei besonderen Gelegenheiten wie Geburtstagen
sowie Oster- oder Weihnachtsfeiern. Die gestreiften Moussebecher
mit Zuckergusseiern sind ein idealer österlicher Frühlingsgruß, und
ein Baiser-Maronen-Kuchen, ein festliches Lebkuchendessert oder ein
Christmas-Pudding-Trifle sind ideale Desserts für die Weihnachtszeit.
In diesem Kapitel gibt es außerdem ein Rezept für einen aromatisierten
Baumkuchen, dessen Teig mit Zimt, Marzipan und Rum in dünnen
Schichten ausgebacken wird, die an die Jahresringe eines Baumes
erinnern. Anstelle der Rinde wird er von einer leckeren
Schokoladen-Rum-Glasur bedeckt.

Schoko-Käsekuchen-Torte

Diese Torte aus einem doppelstöckigen Schokoladenkäsekuchen mit einer leckeren Dekoration aus frischen Beerenfrüchten ist ein spektakuläres Highlight für jedes Dessert-Büfett. Falls Sie eine kleinere Variante bevorzugen, können Sie die Zutaten für den Käsekuchen halbieren und in der gleichen Backzeit in einer 23 Zentimeter großen Springform backen.

FÜR DEN BODEN:

400 g Vollkornkekse

200 g Butter

FÜR DIE FÜLLUNG:

200 g Zartbitterschokolade (mindestens 70 % Kakaoanteil)

400 g Frischkäse

250 g Mascarpone

250 g Crème fraîche oder saure Sahne

250 g Sahne

6 große Eier

1 Dose gesüßte Kondensmilch (400 g)

150 g weiße Schokoladenchips

ZUM GARNIEREN UND ANRICHTEN:

einige frische Beeren und Physalis

etwas Puderzucker und etwas ungesüßtes Kakaopulver zum Bestäuben

Springform (25 cm Ø), gefettet und mit Backpapier ausgelegt

Springform (18 cm Ø), gefettet und mit Backpapier ausgelegt

ERGIBT 14 PORTIONEN

Backofen auf 180 °C vorheizen.

Die Außenseiten von Böden und Rändern der Springformen dicht mit Alufolie umwickeln, damit die Käsekuchenmasse beim Backen nicht austreten kann.

Für die Böden die Vollkornkekse in einer Küchenmaschine oder einem Standmixer zu feinen Bröseln verarbeiten. Die Butter in einem Topf zerlassen und unter die Brösel rühren, sodass sie rundum mit Butter bedeckt sind. Die Streuselmasse auf die beiden Backformen verteilen – ein Drittel in die kleinere, zwei Drittel in die größere. Mit einem Löffelrücken gleichmäßig flach drücken.

Für die Füllung die Schokolade in Stücke brechen und in einem Wasserbad schmelzen und abkühlen lassen.

In einer Schüssel Frischkäse, Mascarpone, Crème fraîche oder saure Sahne und Sahne mit einem Handrührgerät glatt rühren. Eier und Kondensmilch zufügen und unterrühren. Die abgekühlte geschmolzene Schokolade ebenfalls gut unterrühren. Die weißen Schokoladenchips untermischen. Die Masse auf die beiden Backformen verteilen – ein Drittel in die kleinere, zwei Drittel in die größere.

Die Springformen auf einem Backblech in den Ofen schieben. Im vorgeheizten Backofen 50 bis 60 Minuten backen, bis die Käsekuchen fest geworden sind, in der Mitte aber noch auf Fingerdruck leicht nachgeben. Aus dem Ofen nehmen und in den Formen abkühlen lassen. Bis zum Servieren in den Kühlschrank stellen.

Zum Servieren die Käsekuchen aus den Formen nehmen. Dazu mit einem Messer jeweils innen am Rand entlangfahren und den Boden sowie das Backpapier abnehmen. Den kleineren Käsekuchen auf den größeren setzen. Mit gewaschenen, trocken getupften frischen Beeren und Physalis dekorieren und mit Puderzucker und Kakaopulver bestäuben. Sofort servieren oder bis zum Servieren in den Kühlschrank stellen. Der Kuchen lässt sich bis zu 3 Tage im Kühlschrank aufbewahren, sollte aber erst direkt vor dem Servieren mit den Früchten dekoriert werden.

Gestreifte Moussebecher

Die hübsch gestreiften Moussebecher bieten sich, dekoriert mit Schokoladenostereiern, als Dessert für ein österliches Festessen an. Die Himbeeren verleihen der Mousse einen hübschen Rosaton, ohne dass man dabei auf Lebensmittelfarbe zurückgreifen muss. Für ein extravagantes Picknick kann man die Mousse auch in kleine Einmachgläser füllen, um sie gut transportieren zu können.

FÜR DEN TEIG:

115 g weiche Butter

115 g Zucker

2 große Eier

60 g Mehl, gesiebt

½ TL Backpulver

60 g gemahlene Mandeln

FÜR DIE HIMBEERMOUSSE:

150 g Himbeeren

50 g Zucker

300 g Sahne

FÜR DIE ZITRONENMOUSSE:

frisch gepresster Saft von 3 Zitronen

50 g Zucker

300 g Sahne

gelbe Lebensmittelfarbe in Gel- oder Pastenform (nach Belieben)

ZUM GARNIEREN:

6 Schokoladeneier mit Zuckergussglasur

Springform (20 cm Ø), gefettet und mit Backpapier ausgelegt

6 Dessertgläser

2 Spritzbeutel mit großen runden Tüllen

runde Ausstecher (7 cm Ø oder etwas kleiner als die Dessertgläser)

ERGIBT 6 PORTIONEN

Backofen auf 180 °C vorheizen.

Für den Teig Butter und Zucker in einer Schüssel mit einem Handrührgerät verschlagen, bis die Mischung sehr hell und glatt ist. Die Eier einzeln zufügen und unterrühren. Mehl, Backpulver und gemahlene Mandeln vorsichtig unterheben. Teig in die vorbereitete Springform geben und gleichmäßig glatt streichen. Im vorgeheizten Backofen 20 bis 25 Minuten backen, bis der Teig goldgelb und fest ist, auf Fingerdruck zurückfedert und an einem in die Mitte eingestochenen Messer kein Teig mehr haften bleibt. Abkühlen lassen, aus der Form nehmen und das Backpapier entfernen.

Mit dem Ausstecher sechs runde Böden aus dem Teigboden ausstechen. (Je nach Größe des Ausstechers und der Kuchenform darf der sechste Boden leicht angeschnitten sein.)

Für die Himbeermousse die Himbeeren waschen und trocken tupfen und den Saft mithilfe eines Spatels oder Löffelrückens durch ein feinmaschiges Sieb in eine Schüssel passieren. Den Zucker zum Himbeersaft geben und einige Minuten mit einem Handrührgerät rühren, bis er sich aufgelöst hat. Die Sahne zufügen und die Mischung aufschlagen. Bis zur weiteren Verwendung im Kühlschrank kalt stellen.

Für die Zitronenmousse den Zitronensaft mit dem Zucker in eine Schüssel geben und rühren, bis sich der Zucker aufgelöst hat. Die Sahne zufügen und alles aufschlagen. Nach Belieben Lebensmittelfarbe unterrühren.

Die beiden Mousses jeweils in Spritzbeutel füllen. Jeden Teigboden waagerecht in vier Scheiben schneiden, sodass 24 dünne Böden entstehen.

Einen großem Tupfen Himbeermousse in jeden Glasbecher spritzen. Jeweils einen Teigboden daraufsetzen. Etwas Zitronenmousse daraufspritzen. Wieder mit einem Teigboden bedecken. Mit den restlichen Mousseschichten und Teigböden abwechselnd wiederholen. Im Kühlschrank mindestens 3 Stunden oder über Nacht fest werden lassen. Direkt vor dem Servieren mit den glasierten Schokoeiern dekorieren (nicht vorher, da der Zuckerguss sich sonst auflöst!). Mit Frischhaltefolie bedeckt, lassen sich die Moussebecher bis zu 3 Tage im Kühlschrank aufbewahren.

Baiser-Maronen-Kuchen

Die Inspiration für dieses Rezept stammt aus »Food of Love«, einer meiner liebsten Geschichten rund um die Themen »Essen« und »Liebe«, in der ein Koch um ein Mädchen wirbt, indem er ihr die köstlichsten Speisen zubereitet – ein Buch, wie für mich gemacht! Darin backt der Held ein mit Maronen gefülltes Baiser. Ich habe nie ein Rezept dafür gefunden, deshalb habe ich mein eigenes kreiert, bei dem die in diesem Rezept beschriebene Maronencreme in weiche kleine Baisers gespritzt wird. Sehr lecker! Bei diesem Kuchen hingegen erheben sich Wolken aus Baiser über einer Maronencreme, die auf einen knusprigen Boden aus Keksstreuseln gebettet ist.

FÜR DEN BODEN:

300 g Schoko-Doppelkekse mit Cremefüllung (z. B. Oreo-Kekse)

125 g Butter, zerlassen

FÜR DIE MARONENCREME:

100 g fein gemahlene Pistazien

2 EL Puderzucker, gesiebt

60 g Sahne

100 g ungesüßtes Maronenpüree

FÜR DIE VANILLECREME:

5 große Eigelb

70 g Zucker

375 g Sahne

½ TL Vanillepulver oder 1 TL Vanilleextrakt

300 g ungesüßtes Maronenpüree

FÜR DAS BAISER:

5 große Eiweiß

6 EL Zucker

Quicheform mit Hebeboden (25 cm Ø), gefettet

ERGIBT 10 PORTIONEN

Für den Kuchenboden die Schoko-Doppelkekse in einer Küchenmaschine oder in einem Standmixer zu sehr feinen Bröseln zerkleinern. In einer Schüssel mit der zerlassenen Butter verrühren, sodass die Brösel rundum damit bedeckt sind. Die Butterstreusel auf dem Boden und an den Rändern der Quicheform verteilen und andrücken.

Backofen auf 150 °C vorheizen.

Für die Maronencreme gemahlene Pistazien, Puderzucker, Sahne und Maronenpüree in einer Schüssel verrühren und in einer dünnen Schicht auf dem Streuselboden verteilen.

Für die Vanillecreme Eigelbe und Zucker in einer Schüssel zu einer dicken Creme verschlagen. Die Sahne nach und nach unterrühren. Vanille und Maronenpüree ebenfalls unterrühren. Die Vanillecreme vorsichtig auf die Maronencreme geben. Den Kuchen im vorgeheizten Backofen etwa 1 Stunde backen, bis die Vanillecreme fest geworden ist, in der Mitte aber immer noch leicht nachgibt.

Kurz vor Ende der Backzeit die Baiserdecke zubereiten. Hierfür die Eiweiße in einer Schüssel mit einem Handrührgerät steif schlagen. Den Zucker löffelweise zugeben, dabei stetig weiterschlagen, bis die Baisermasse glatt ist und glänzt. Den Kuchen aus dem Ofen nehmen, die Baisermasse sehr vorsichtig über die Vanillecreme geben und kleine Spitzen hochziehen. Dabei vorsichtig arbeiten, da die Cremeschicht nicht vollständig fest ist. Im vorgeheizten Backofen weitere 30 bis 40 Minuten backen, bis das Baiser goldgelb und fest ist. Aus dem Ofen nehmen und vollständig abkühlen lassen. Im Kühlschrank hält sich der Kuchen bis zu 3 Tage.

Ombre-Schichttorte

Diese Torte lässt sich sehr leicht zubereiten und zeigt, wenn man sie anschneidet, einen dekorativen Farbverlauf. Jede Schicht hat einen anderen Geschmack – Schokolade, Ahornsirup und Zimt, Kaffee und Vanille –, die sich zu einer wahren Köstlichkeit verbinden. Die Dekoration aus weißem Frosting, Pekannüssen und Schokoraspeln trägt das Ihre dazu bei, dass sich kaum vermuten lässt, wie leicht diese Torte gelingt. Sie eignet sich gut als Geburtstagstorte für einen guten Freund oder eine liebe Freundin.

340 g weiche Butter

340 g Zucker

6 große Eier

340 g Mehl, gesiebt

2 TL Backpulver

3 EL Crème fraîche oder
saure Sahne

1 TL Vanilleextrakt

2 EL ungesüßtes Kakaopulver,
gesiebt

2 EL Ahornsirup

1 TL Zimtpulver

orange Lebensmittelfarbe
in Gel- oder Pastenform

1 TL Instant-Kaffeepulver

FÜR DAS FROSTING:

600 g Sahne

½ TL Vanillepulver oder
1 TL Vanilleextrakt

100 g Puderzucker, gesiebt

ZUM GARNIEREN:

200 g halbierte Pekannüsse

einige Schokostreusel oder -raspel

*4 Springformen (20 cm Ø), gefettet
und mit Backpapier ausgelegt*

Spritzbeutel mit kleiner runder Tülle

gezahnter Teigschaber (nach Belieben)

ERGIBT 10 PORTIONEN

Backofen auf 180 °C vorheizen.

Für den Kuchenteig Butter und Zucker in einer Schüssel mit einem Handrührgerät verrühren, bis die Mischung hell und glatt ist. Die Eier einzeln zugeben und unterrühren. Mit einem Spatel Mehl, Backpulver und Crème fraîche oder saure Sahne unterheben, bis eine homogene Masse entstanden ist. Den Teig in vier gleich großen Portionen auf unterschiedliche Schüsseln verteilen. Zur ersten Portion die Vanille geben und untermischen. Zur zweiten Portion das Kakaopulver geben und unterrühren. Ahornsirup, Zimt und etwas orange Lebensmittelfarbe unter die dritte Teigportion rühren. Das Kaffeepulver in einer Schüssel in 2 Esslöffeln heißem Wasser auflösen und unter die vierte Teigportion mischen. Jeden der vier Teige in eine der vorbereiteten Springformen füllen.

Die Kuchen im vorgeheizten Backofen 25 bis 30 Minuten backen (dabei eventuell je zwei Kuchen auf einmal backen). Die Böden auf ein Kuchengitter setzen und das Backpapier jeweils entfernen. Vollständig abkühlen lassen.

Für das Frosting die Sahne in einer sauberen Schüssel mit der Vanille und dem Puderzucker steif schlagen. Die Creme in den Spritzbeutel füllen.

Etwas Creme auf einen Tortenteller oder -ständer geben und den Schokoladenboden darauflegen. Eine Schicht Creme darauf verteilen und den Kaffeeboden daraufsetzen. Wieder eine Schicht Creme auftragen und den Ahornsirupboden darauflegen. Nochmals mit etwas Creme bedecken und den Vanilleboden daraufsetzen. Oberseite und Seiten der Torte gleichmäßig mit der restlichen Creme bestreichen.

Nach Belieben mit einem gezahnten Teigschaber ein dekoratives Linienmuster in die Creme ziehen. Untere und obere Kante der Torte mit Pekannusshälften dekorieren und die Oberseite mit einem Ring aus Schokostreuseln oder -raspeln verzieren.

Bis zum Servieren im Kühlschrank ruhen lassen. Die Torte schmeckt am besten am Tag der Zubereitung, kann aber bis zu 2 Tage im Kühlschrank aufbewahrt werden.

Winterfrüchte-Gewürz-Zabaione

Bei diesem Rezept schichtet man warmen Weinschaum über rubinrote Früchte und Zimt-kuchenscheiben. Da sich die Zabaione nicht gut im Kühlschrank hält, muss sie sofort nach der Zubereitung serviert werden. Das Rezept ist von meinem Freund, Küchenchef Giancarlo Caldesi, inspiriert, der öfter einmal in Cointreau gebackene Sommerfrüchte serviert. Dies ist meine winterliche Variante.

FÜR DIE FRÜCHTE:

150 g Blaubeeren

150 g Brombeeren

750 g rote Pflaumen, halbiert und entsteint

8 kleine Clementinen oder Satsumas, geschält

3 EL Zucker

1 TL Zimtpulver

150 ml Orangenlikör (z. B. Cointreau)

FÜR DEN TEIG:

115 g weiche Butter

115 g Zucker

2 große Eier

60 g gemahlene Mandeln

60 g Mehl

1½ TL Backpulver

1 TL Zimtpulver

1 TL Vanilleextrakt

125 ml Dessertwein

FÜR DIE ZABAIONE:

100 g Zucker

2 große Eier und 3 Eigelb

160 ml Dessertwein

Springform (20 cm Ø), gefettet und mit Backpapier ausgelegt

große Glasschale

ERGIBT 8 PORTIONEN

Backofen auf 180 °C vorheizen.

Für die gebackenen Früchte gewaschene, trocken getupfte Blaubeeren und Brombeeren sowie Pflaumen und Clementinen oder Satsumas in ein mit Backpapier ausgelegtes tiefes Back-blech geben. Mit Zucker und Zimt bestreuen und den Orangen-likör darüberträufeln. Etwa 30 Minuten backen, bis die Pflau-men weich sind, aus dem Ofen nehmen und abkühlen lassen. Den Ofen nicht ausschalten.

Für den Teig Butter und Zucker in einer Schüssel mit einem Handrührgerät verrühren, bis die Mischung hell und glatt ist. Die Eier einzeln zufügen und unterrühren. Die gemahlenen Mandeln unterheben und Mehl, Backpulver und Zimt darüber-sieben. Die Vanille zugeben und alles vermischen. Teig in die vorbereitete Springform geben und im vorgeheizten Backofen 25 bis 30 Minuten backen, bis der Teig fest ist, auf Fingerdruck zurückfedert und an einem in die Mitte eingestochenen Messer kein Teig mehr haften bleibt. Den Kuchen auf ein Kuchengitter setzen, das Backpapier entfernen und den Kuchen vollständig abkühlen lassen.

Zum Anrichten den Kuchen in Stücke schneiden und den Boden sowie die unteren Wände der Glasschale damit auslegen. Den Dessertwein darübergießen und die gebackenen Früchte mit ihrem Saft daraufgeben.

Für die Zabaione 80 Milliliter Wasser, Zucker, Eier und Eigelbe in einem Wasserbad etwa 5 Minuten erwärmen und aufschlagen, bis die Eimischung stark an Volumen zugenommen hat und schaumig ist. Die Quirle des Handrührgeräts sollten in der Masse eine Spur hinterlassen. Den Dessertwein unter steti-gem Rühren in einem dünnen Strahl langsam zum Eischaum gießen (am bestem mit einem Helfer) und weitere 3 bis 5 Minu-ten rühren.

Die warme Zabaione zügig über die Früchte gießen und sofort servieren. Die Früchte lassen sich schon am Tag vor der eigentlichen Zubereitung vorbereiten, die Zabaione jedoch muss, da sie sich im Kühlschrank nicht lange hält, unmittelbar vor dem Servieren zubereitet werden.

Festliches Lebkuchendessert

Mit einer leckeren Kürbiscreme und goldgelber Vanillesauce ist dies das perfekte Dessert für die Herbstzeit. Dazu kommen Schichten aus buttrigen Keksstreuseln und in Armagnac getränktem Ingwerkuchen. Wenn Kinder mitessen, können Sie den Alkohol einfach weglassen. Gekaufte Lebkuchenmännchen bieten sich als verspielte Dekoration an.

FÜR DIE KÜRBISCREME:

½ TL Salz

2 TL Zimtpulver

½ TL Vanillepulver oder
1 TL Vanilleextrakt

1 TL Ingwerpulver

1 Prise frisch gemahlene
Muskatnuss

140 g Zucker

300 g Kürbispüree (aus der Dose)

280 g Frischkäse

200 g Crème fraîche oder
saure Sahne

ZUM GARNIEREN UND ANRICHTEN:

300 g Sahne

200 g Ingwerkekse

85 g Butter, zerlassen

300 g Ingwerkuchen

80–100 ml Armagnac

20 kleine Lebkuchenmännchen

500 g Vanillesauce (Fertigprodukt)

große Glasschale

ERGIBT 10 PORTIONEN

Für die Kürbiscreme Salz, Zimt, Vanille, Ingwer, Muskatnuss, Zucker und Kürbispüree einige Minuten in einem Topf erhitzen, bis das Püree eingedickt ist und sich der Zucker aufgelöst hat. Beiseitestellen, bis die Masse erkaltet ist.

Die abgekühlte Kürbismasse mit Frischkäse und Crème fraîche oder saurer Sahne verrühren.

Die Sahne in einer Schüssel steif schlagen. Die Ingwerkekse in einer Küchenmaschine oder in einem Standmixer zu feinen Bröseln zerkleinern. Mit der zerlassenen Butter in einer Schüssel verrühren, sodass die Keksbrösel rundum mit Butter bedeckt sind. Den Ingwerkuchen in etwa 18 dünne Scheiben schneiden.

Eine Schicht Ingwerkuchen (etwa die Hälfte der Scheiben) auf dem Boden der Glasschale verteilen und mit der Hälfte des Armagnacs beträufeln. Einige Lebkuchenmännchen am Rand der Glasschale verteilen.

Die Hälfte der Kürbiscreme in die Schale füllen und die Hälfte der Butterstreusel darüber verteilen. Die Hälfte der Vanillesauce darübergießen, den restlichen Ingwerkuchen darauflegen und mit dem übrigen Armagnac beträufeln.

Die restlichen Lebkuchenmännchen am Rand der Glasschale verteilen. Die restliche Kürbiscreme und die übrige Vanillesauce in Schichten daraufgeben. Mit geschlagener Sahne und den restlichen Butterstreuseln garnieren. Das Dessert im Kühlschrank mindestens 3 Stunden oder über Nacht kalt werden lassen und servieren.

Brandy-Creme-Torte mit Zuckerschnee

Diese hübsche Schichttorte – ein leckeres winterliches Dessert zum Tee– wird mit Puderzucker bestäubt und mit einer hochprozentigen Creme gefüllt. Ihr Aroma erhält sie durch englischen Christmas Pudding (Plumpudding) und Mincemeat, einer Mischung aus Trockenobst, Weinbrand und Gewürzen. Steht Ihnen nur eine dieser beiden Zutaten zur Verfügung, können Sie deren Menge verdoppeln. Ist beides nicht erhältlich, ersetzt man sie einfach durch einen geriebenen Apfel und eine Handvoll Rosinen oder Sultaninen. Mit etwas gemahlenem Zimt ist das Ergebnis dann ebenso schmackhaft.

FÜR DEN TEIG:

300 g weiche Butter

300 g Zucker

½ TL Vanillepulver oder 1 TL Vanilleextrakt

5 große Eier

1 TL Zimtpulver

2 EL Christmas Pudding (englischer Weihnachtspudding, Fertigprodukt)

2 EL Mincemeat (Mischung aus Trockenobst, Weinbrand und Gewürzen, Fertigprodukt)

60 g Naturjoghurt oder griechischer Joghurt

300 g Mehl, gesiebt

3 TL Backpulver

FÜR DIE FÜLLUNG:

600 g Sahne

60 ml Weinbrand und nach Belieben etwas Weinbrand zum Beträufeln

3 EL Puderzucker, gesiebt, und etwas Puderzucker zum Bestäuben

3 Springformen (20 cm Ø), gefettet und mit Backpapier ausgelegt

Spritzbeutel mit großer runder Tülle

ERGIBT 10 PORTIONEN

Backofen auf 180 °C vorheizen.

Für den Kuchenteig Butter und Zucker in einer Schüssel mit einem Handrührgerät verrühren, bis die Mischung hell und glatt ist. Erst die Vanille zugeben, dann die Eier einzeln zufügen und jeweils alles miteinander verrühren. Zimt, Christmas Pudding, Mincemeat und Joghurt untermischen. Mehl und Backpulver darübersieben und vorsichtig unterheben. Den Teig auf die drei Springformen verteilen und (entweder zusammen oder nacheinander) im vorgeheizten Backofen 25 bis 30 Minuten backen, bis die Böden goldgelb sind, auf Fingerdruck zurückfedern und an einem in die Mitte eingestochenen Messer kein Teig mehr haften bleibt. Die Böden auf ein Kuchengitter setzen und abkühlen lassen. Das Backpapier entfernen.

In einer großen Schüssel Sahne, Weinbrand und Puderzucker verschlagen, bis die Creme steife Spitzen zieht. Die Creme in den Spritzbeutel füllen.

Die Böden nach Belieben mit etwas Weinbrand beträufeln. Einen Kuchenboden auf eine Servierplatte oder einen Tortenständer setzen. Die Creme erst kreisförmig am Rand des Bodens entlang aufspritzen und dann die Hälfte der Creme in einer gleichmäßigen Schicht in die Mitte des Cremerings geben. Den zweiten Boden auf die Cremeschicht setzen und auf die oben beschriebene Weise mit der restlichen Creme bedecken.

Den letzten Teigboden daraufsetzen, die Torte großzügig mit Puderzucker bestäuben und sofort servieren oder bis zum Servieren im Kühlschrank aufbewahren. Die Brandy-Creme-Torte schmeckt am besten am Tag der Zubereitung, kann jedoch auch bis zu 2 Tage im Kühlschrank aufbewahrt werden.

Meringue-Weihnachtsbaum

Dieser spektakuläre Meringue-Weihnachtsbaum eignet sich hervorragend als Highlight einer Weihnachtsfeier im größeren Rahmen. Er mag zwar kompliziert aussehen, ist aber an sich sehr einfach. Die Baisers lassen sich im Voraus zubereiten. Servieren Sie den Meringue-Weihnachtsbaum mit Beeren oder anderen Früchten und einer Mandellikörcreme.

FÜR DEN TEIG:

115 g weiche Butter

115 g Zucker

2 große Eier

85 g Mehl

½ TL Backpulver

30 g Kakaopulver

2 EL Milch

FÜR DAS BAISER:

6 große Eiweiß

340 g Zucker

einige Zuckerstreusel
(nach Belieben)

FÜR DIE GANACHE:

50 g Zartbitterschokolade,
in Stücke gebrochen

15 g Butter

1 EL Glukosesirup

100 g Sahne

FÜR DIE MANDELLIKÖR-CREME:

300 g Sahne

60 ml Mandellikör (z. B. Amaretto)

Springform (20 cm Ø), gefettet und mit Backpapier ausgelegt

Spritzbeutel mit großer Sterntülle

2–3 Backbleche, mit Silikonmatten oder Backpapier ausgelegt

ERGIBT 1 GROSSEN BAUM

Backofen auf 180 °C vorheizen.

Für den Teig Butter und Zucker in einer Schüssel mit einem Handrührgerät verrühren, bis die Mischung hell und glatt ist. Die Eier einzeln zufügen und unterrühren. Mehl und Backpulver dazusieben und zusammen mit Kakaopulver und Milch untermischen. In die vorbereitete Springform geben und im vorgeheizten Backofen 20 bis 25 Minuten backen, bis der Kuchen fest ist, auf Fingerdruck zurückfedert und an einem in die Mitte eingestochenen Messer kein Teig mehr haften bleibt. Auf einem Kuchengitter abkühlen lassen.

Die Ofentemperatur auf 130 °C reduzieren.

Für das Baiser die Eiweiße in einer großen Schüssel sehr steif schlagen und den Zucker löffelweise unterrühren, bis ein glänzender Eischnee entstanden ist. Die Baisermasse in den Spritzbeutel füllen. (Je nach Größe des Spritzbeutels muss er eventuell mehrmals befüllt werden.)

Für den Baum benötigt man neun Baiserringe mit jeweils etwas kleiner werdendem Durchmesser und einen großen Baiserstern als Spitze des Baums. Dazu Teller und Untertassen in unterschiedlicher Größe als Schablonen verwenden und die Baiserringe an der Außenkante entlang auf die vorbereiteten Backbleche spritzen. Mit einem 20 Zentimeter großen Teller beginnen und mit kleineren Durchmessern weitermachen, bis man bei 10 Zentimeter angelangt ist. Jetzt lassen sich die Kreise auch freihändig spritzen. Danach die Teller oder die Untertassen jeweils vorsichtig anheben. Dazu ein Messer darunterschieben, von oben fest auf Teller oder Untertasse drücken und ihn/sie mit dem Messer anheben. Alternativ die Kreise auf die Rückseite eines Stücks Backpapier zeichnen und die Baisermasse an den Kreisen entlangspritzen.

Danach Rosetten auf die Oberkante jedes Baiserrings spritzen. Dabei den Spritzbeutel schnell wegziehen, damit die Rosetten jeweils in einer Spitze auslaufen. Die Spitzen müssen vom Baiserring aus nach außen weisen, da sie von außen als die Äste des Baumes zu sehen sein sollen. Nach Belieben die Baiserringe mit einigen Zuckerstreuseln bestreuen.

Die Baiserringe auf den vorbereiteten Backblechen im vorgeheizten Backofen 1 bis 1½ Stunden backen, bis die Baisers knusprig sind (je nach Ofengröße eventuell nacheinander backen). Die Baisers auf den Backblechen vollständig abkühlen lassen.

Für die Ganache Schokolade, Butter, Glukosesirup und Sahne in einem Topf erwärmen und bei geringer Hitze köcheln lassen, bis Schokolade und Butter geschmolzen sind. Die Ganache einige Minuten abkühlen und eindicken lassen.

Den Kuchenboden auf ein Kuchengitter setzen und ein Stück Frischhaltefolie oder Backpapier unter das Gitter legen. Die Ganache auf den Kuchenboden verteilen, sodass Rand und Oberseite des Kuchens vollständig bedeckt sind. Die Ganache fest werden lassen.

Den mit Ganache überzogenen Kuchenboden auf einen Servierteller oder Tortenständer setzen und vorsichtig den größten Baiserring daraufsetzen. Die restlichen Baiserringe, vom größten bis zum kleinsten, vorsichtig daraufsetzen und mit dem Baiserstern als Spitze abschließen. (Die Baiserringe selbst werden nicht befestigt, die Torte muss also vorsichtig serviert werden. Nach Belieben können die Ringe jedoch auch mit etwas geschlagener Sahne fixiert werden.)

Für die Mandellikörcreme die Sahne mit dem Mandellikör in einer Schüssel steif schlagen und die Creme zu den Baisers servieren. Der Meringue-Weihnachtsbaum schmeckt am besten am Tag der Zubereitung. Die Baiserringe lassen sich jedoch auch im Voraus zubereiten und, luftdicht verpackt, bis zur Weiterverarbeitung bis zu 5 Tage aufbewahren.

Christmas-Pudding-Trifle

Dieses Rezept geht auf eine Anregung von Claire Dodd zurück, die in meiner BBC-Radio-sendung »Weekend Kitchen« zu Gast war. Claire leitet eine große Catering-Firma und erhielt einmal eine kurzfristige Absage für ein gebuchtes großes Weihnachtsessen. Da sie so mit mehr Christmas Pudding dastand, als sie brauchte, verarbeitete sie ihn einfach zu einem Trifle. Dieses Dessert verbindet die beiden britischen Dessertklassiker Trifle und Christmas Pudding und ist zwar eigentlich ein klassisches Resteessen, aber so lecker, dass es auch als Glanzstück eines Weihnachtsessens dienen kann. Das Dessert ist recht leicht und hat eine schöne alkoholische Note. Ich habe meine Version mit winzigen Zuckerrosen dekoriert, aber man kann das Weihnachtsthema auch mit Stechpalmenzweigen aufnehmen (die Stiele in Frischhaltefolie wickeln, bevor man sie in das Trifle steckt).

FÜR DEN TEIG:

115 g weiche Butter

115 g Zucker

2 große Eier

450 g Christmas Pudding (englischer Weihnachtspudding, Fertigprodukt)

115 g Mehl, gesiebt

1 TL Backpulver

1 TL Zimtpulver

ZUM BETRÄUFELN:

80 ml Weinbrand

frisch gepresster Saft von 3 Clementinen

FÜR DEN PUDDING:

60 ml Weinbrand

abgeriebene Schale von 2 unbehandelten Mandarinen und frisch gepresster Saft von 4 Mandarinen

600 g Vanillesauce (Fertigprodukt)

600 g Sahne

einige Zuckerrosen zum Garnieren (nach Belieben)

Springform (20 cm Ø), gefettet und mit Backpapier ausgelegt

große Glasschale

ERGIBT 8–10 PORTIONEN

Backofen auf 180 °C vorheizen.

Butter und Zucker in einer Schüssel mit einem Handrührgerät zu einer hellen Creme verrühren. Die Eier einzeln zufügen und untermischen. 1 gehäuften Esslöffel Christmas Pudding unterrühren. Restlichen Christmas Pudding für die Puddingschicht beiseitestellen. Mehl, Backpulver und Zimt einrühren. Teig in die vorbereitete Springform geben und im vorgeheizten Backofen 25 bis 30 Minuten backen, bis der Kuchen goldgelb ist, auf Fingerdruck zurückfedert und an einem in die Mitte eingestochenen Messer kein Teig mehr haften bleibt.

Den Kuchen auf ein Kuchengitter setzen, vollständig abkühlen lassen und das Backpapier entfernen. Den abgekühlten Kuchen in Stücke schneiden und als gleichmäßige Schicht auf dem Boden der Glasschale verteilen. Weinbrand und Clementinensaft in einer Schüssel verrühren und den Kuchenboden damit tränken.

Beiseitegestellten Christmas Pudding, Weinbrand sowie Mandarinenschale und -saft in einer Küchenmaschine oder in einem Standmixer zu einer glatten Masse verarbeiten, über die Kuchenschicht verteilen und die Vanillesauce darübergeben.

Die Sahne in einer sauberen Schüssel aufschlagen und über die Vanillesauce verteilen. Mindestens 3 Stunden im Kühlschrank kalt werden lassen. Kurz vor dem Servieren nach Belieben mit Zuckerrosen dekorieren. Das Trifle hält sich im Kühlschrank bis zu 3 Tage.

Rum-Baumkuchen

Baumkuchen ist eine Spezialität, die gerne zur Weihnachtszeit serviert wird. Seinen Namen verdankt er den Ringen, die sichtbar werden, wenn man ihn anschneidet. Der Baumkuchen wird traditionell schichtweise an einem Spieß über offenem Feuer gebacken, worauf auch die typischen Ringe und das Loch in der Mitte zurückzuführen sind. Meine Version entsteht in einer Backform unter dem Grill. Sie schmeckt jedoch ebenso lecker wie das Original.

FÜR DEN TEIG:

200 g weiche Butter und etwas Butter für die Form

150 g Zucker

150 g helles Marzipan, in kleine Stücke geschnitten

8 Eier, getrennt

250 g Sahne

60 ml Rum

1 TL Zimtpulver

½ TL Vanillepulver oder 1 TL Vanilleextrakt

1 Prise Salz

140 g Mehl

1½ TL Backpulver

100 g Speisestärke

FÜR DIE GLASUR:

100 g Zartbitterschokolade, in Stücke gebrochen

1 EL Zuckerrübensirup

150 g Sahne

60 ml Rum

15 g Butter

ZUM GARNIEREN:

50 g weiße Schokolade

Angel-Cake-Form oder flache Kranzform (25 cm Ø)

ERGIBT 10 PORTIONEN

Butter und Zucker in einer Schüssel mit einem Handrührgerät verrühren, bis die Mischung hell und glatt ist. Marzipan unterheben. Eigelbe in einer Schüssel verquirlen und ebenfalls zugeben. Sahne, Rum, Zimt, Vanille und Salz zufügen und alles zu einem glatten Teig verrühren. Mehl, Backpulver und Speisestärke zusieben und gut unterrühren. In einer weiteren Schüssel die Eiweiße steif schlagen und unter den Teig heben. Dazu erst einen großen Löffel Eischnee zugeben und unterrühren, dann den Rest löffelweise unterheben. Dabei darauf achten, dass die Mischung möglichst luftig und locker bleibt. Den Backofengrill vorheizen. Etwa 2 große Esslöffel Teig in die gefettete Backform geben und mit einem Silikonbackpinsel oder einem Spatel zu einer sehr dünnen Schicht verstreichen. Jedoch darauf achten, dass der Formboden nicht durch den Teig durchscheint.

Unter dem vorgeheizten Backofengrill etwa 3 bis 5 Minuten backen, bis die Oberseite des Teigs goldgelb wird. Die Form vorsichtig aus dem Backofen nehmen und nochmals 2 große Esslöffel Teig darauf verteilen. Dabei die darunterliegende Schicht vollständig bedecken, aber die neue Schicht nicht zu dick werden lassen. Wie zuvor beschrieben backen. So lange wiederholen, bis der Teig aufgebraucht ist. Insgesamt sollte der Teig etwa zehn Schichten ergeben, die Anzahl der Schichten hängt jedoch auch von der Größe der Backform und der Konsistenz des Teigs ab. Mit zunehmender Schichtzahl nähert sich die Oberseite des Kuchens dem Grill und bräunt schneller. Daher den Bräunungsgrad genau beobachten.

Wenn alle Schichten gebacken sind, den Kuchen ringsum mit einem Messer vom Rand der Form lösen und in der Form abkühlen lassen. Den abgekühlten Kuchen vorsichtig aus der Form auf ein Kuchengitter stürzen. Ein Stück Frischhaltefolie oder Backpapier unter das Kuchengitter legen.

Für die Glasur Schokolade, Sirup, Sahne, Rum und Butter unter Rühren in einem Topf erhitzen, bis die Glasur glatt und glänzend ist. Die Glasur über die Oberseite und die Seiten des Kuchens geben, gleichmäßig verstreichen und fest werden lassen. Mit dünnen Linien aus geschmolzener weißer Schokolade verzieren.

Der Kuchen kann bis zu 3 Tage in einem luftdichten Gefäß aufbewahrt werden, im Kühlschrank auch länger.

Aus aller Welt

In diesem Kapitel geht es um süße Verlockungen aus allen Regionen der Welt. Ein absoluter Klassiker ist der amerikanische Piecaken, ein süßer Pie, der Schichten aus hellem Rührteig und Zimtteig enthält. Aus Griechenland stammt die Baklawa, ein Gebäck, das an Blätterteig erinnert, aus Frankreich die klassische Opern-Torte und in Ungarn serviert man leckere Erdbeerschnittchen. Einen krönenden Abschluss bildet die dekorative Kuppel des schwedischen Prinzessinnenkuchens. Diese königliche Köstlichkeit besteht aus Schichten von Kuchenteig, Himbeermarmelade und Crème Chantilly unter einer dünnen grünen Marzipanhaube, die eine Marzipanrose ziert.

Amerikanischer Piecaken

*Der Piecaken ist ein amerikanischer Dessertklassiker. Hierfür nimmt man einen fertig ge-
kauften Apfelkuchen und backt ihn nochmals zwischen Schichten aus Zimtteig und hellem
Rührteig – die ultimative Schichttorte! Warm mit Karamellsauce serviert, wird daraus ein
Dessert, bei dem einem das Wasser im Munde zusammenläuft.*

FÜR DEN HELLEN RÜHRTEIG:

100 g weiße Schokolade,
in Stücke gebrochen

125 g Butter

3 große Eier

200 g Zucker

1 TL Vanilleextrakt

1 Prise Salz

120 g Mehl

FÜR DEN ZIMTTEIG:

115 g weiche Butter

115 g brauner Zucker

2 große Eier

115 g Mehl, gesiebt

1 TL Backpulver

1 TL Zimtpulver

60 ml Milch

**FÜR DIE APFELKUCHEN-
SCHICHT:**

1 gedeckter Apfelkuchen
(ca. 18 cm Ø, Fertigprodukt)

FÜR DIE GLASUR:

200 g Puderzucker, gesiebt

30 ml Apfelkorn oder Apfelsaft

2 EL Karamellsauce

15 g Butter

*Springform (23 cm Ø), gefettet und
mit Backpapier ausgelegt*

ERGIBT 10 PORTIONEN

Backofen auf 180 °C vorheizen.

Für den Rührteig die weiße Schokolade mit der Butter in einem
Wasserbad schmelzen lassen. Dabei darf kein Wasser in die Schüssel
gelangen. Etwas abkühlen lassen.

Eier und Zucker in einer Schüssel mit einem Handrührgerät verrühren, bis die Mischung cremig ist und sich ihr Volumen verdoppelt hat. Die Schokoladenmischung unterrühren. Vanille, Salz und
Mehl zugeben und vorsichtig untermischen. Den Teig in die vorbereitete Springform füllen und im vorgeheizten Backofen etwa 20 Minuten backen, bis sich an der Oberfläche eine Kruste gebildet hat.

Währenddessen den Zimtteig zubereiten. Hierfür Butter und
braunen Zucker in einer Schüssel verrühren, bis die Mischung hell
und glatt ist. Die Eier einzeln zufügen und untermischen. Vorsichtig
Mehl, Backpulver und Zimt unterrühren und die Milch einrühren.

Die Springform aus dem Backofen nehmen und den Ofen eingeschaltet lassen. Den Apfelkuchen vorsichtig auf den Rührteigboden
legen (nicht andrücken, damit er nicht einsinkt). Vorsichtig den
Zimtteig darübergeben, sodass der Apfelkuchen vollständig bedeckt
ist. Im vorgeheizten Backofen weitere 25 bis 35 Minuten backen, bis
die Zimtkuchenschicht auf Fingerdruck zurückfedert. Aus dem
Ofen nehmen und in der Form abkühlen lassen.

Für die Glasur Puderzucker mit Apfelkorn oder Apfelsaft, Karamellsauce und Butter unter Rühren in einem Topf erhitzen, bis eine
glatte Masse entsteht. Durch ein feinmaschiges Sieb passieren, um
etwaige Puderzuckerklumpen zu entfernen. Den Kuchen aus der
Form nehmen und auf ein Kuchengitter setzen. Ein Stück Frischhaltefolie oder Backpapier unter das Kuchengitter legen. Die warme
Glasur über den Kuchen geben und gleichmäßig verstreichen. Fest
werden lassen und zum Servieren auf einer Platte anrichten. Der
Kuchen lässt sich bis zu 3 Tage in einem luftdichten Behälter aufbewahren, schmeckt jedoch am Tag der Zubereitung am besten.

Italienischer Gianduja-Kuchen

Das Rezept ist durch den italienischen Gianduja-Nugat inspiriert, ein Nugat aus Schokolade und Haselnüssen. In der Mitte dieses Kuchens verbirgt sich eine üppige Schicht davon.

FÜR DIE GIANDUJA-SCHOKOLADE:

100 g Milchschokolade, in Stücke gebrochen

50 g Zartbitterschokolade, in Stücke gebrochen

130 g geröstete Haselnüsse

100 g Puderzucker, gesiebt

2–3 TL neutrales Pflanzenöl

FÜR DEN TEIG:

4 große Eier

115 g Zucker

50 g Mehl, gesiebt

½ TL Backpulver

50 g geröstete, gemahlene Haselnüsse

FÜR DIE HASELNUSSCREME:

100 g Zartbitterschokolade, geschmolzen und abgekühlt

300 g Sahne

1 gehäufter EL Nuss-Nugat-Creme

ZUM GARNIEREN:

100 g Zartbitterschokolade, in Stücke gebrochen

1 EL Glukosesirup oder Zuckerrübensirup

150 g Sahne

30 g Butter

einige geröstete, gehackte Haselnüsse

2 Kastenformen (25 x 12 cm), mit einer doppelten Lage Frischhaltefolie ausgelegt

tiefes Backblech (35 x 25 cm), gefettet und mit Backpapier ausgelegt

ERGIBT 8–10 PORTIONEN

Für die Gianduja-Schokolade beide Schokoladensorten in einem Wasserbad schmelzen lassen. 100 Gramm Haselnüsse mit der Hälfte des Puderzuckers und dem Öl in einer Küchenmaschine oder einem Standmixer zu einer glatten Paste verarbeiten und in eine Schüssel geben. Restlichen Puderzucker und geschmolzene Schokolade zufügen und alles mit einem Spatel glatt rühren. Die Hälfte der Masse in eine Kastenform geben, gleichmäßig verstreichen, die restlichen Haselnüsse darauf verteilen und mit der übrigen Gianduja-Masse bedecken. Im Kühlschrank fest werden lassen. Aus der Form nehmen und in der Folie im Kühlschrank ruhen lassen.

Backofen auf 180 °C vorheizen.

Für den Teig Eier und Zucker in einer Schüssel mit einem Handrührgerät verrühren, bis die Mischung sehr dickflüssig ist und ihr Volumen verdreifacht hat. Vorsichtig Mehl, Backpulver und geröstete, gemahlene Haselnüsse untermischen. Auf das vorbereitete Backblech geben und zu einer gleichmäßigen Schicht verstreichen. Im vorgeheizten Backofen 12 bis 14 Minuten backen, bis die Oberseite goldgelb ist und der Teig auf Fingerdruck zurückfedert. Den Teig mit dem Backpapier vom Blech nehmen und das Backpapier entfernen. Abkühlen lassen.

Für die Haselnusscreme geschmolzene, abgekühlte Schokolade, Sahne und Nuss-Nugat-Creme in einer Schüssel verrühren, bis sich steife Spitzen bilden. Hälfte des Kuchenbodens in Stücke schneiden, die groß genug sind, um den Boden und die Längsseiten der zweiten Kastenform zu bedecken, und in die Form drücken. Hälfte der Creme darauf verstreichen. Übrigen Boden in drei Rechtecke schneiden und eines halbieren. Ein kleines und ein großes Rechteck aneinanderlegen und in die Form setzen.

Gianduja aus der Folie nehmen. Eine dünne Schicht Haselnusscreme in die Form geben und Gianduja darauflegen. Mit der restlichen Creme und dem übrigen Boden bedecken. Fest andrücken. Kuchen fest in Frischhaltefolie wickeln und mindestens 3 Stunden im Kühlschrank ruhen lassen. Schokolade, Sirup, Sahne und Butter in einem Topf unter Rühren erwärmen, bis die Glasur glatt und glänzend ist. Kuchen aus der Folie nehmen und auf ein Kuchengitter setzen. Ein Stück Backpapier unter das Gitter legen und Glasur gleichmäßig auf dem Kuchen verstreichen. Mit gehackten Nüssen bestreuen. 1 Stunde in den Kühlschrank stellen, bis die Glasur fest ist. Sofort servieren oder vor dem Servieren bis zu 2 Tage im Kühlschrank aufbewahren.

Opern-Torte

Die Opern-Torte ist eine Torte mit vielen Schichten, die aus köstlicher Espresso-Buttercreme, Schokoladen-Ganache und leichtem Mandelbiskuit besteht. Dieses sogenannte Joconde-Biskuit wird aus verschlagenen Eiern und einer Baisermasse hergestellt und ist die leichteste Biskuitvariante. In diesem Rezept wird es mit einem Sirup aus Espresso und Kaffeelikör getränkt. Biskuit und Sirup müssen unbedingt gut abgekühlt sein. Für diese Torte benötigt man Zeit und Geduld. Für eine besondere Gelegenheit zahlt sich die Mühe jedoch aus. Außerdem kann man die Buttercreme und den Kaffeesirup im Voraus zubereiten.

Für die Buttercreme Zucker und Espresso in einem Topf unter Rühren sanft erhitzen, bis sich der Zucker aufgelöst hat. Aufkochen lassen und auf 114–115 °C erhitzen. (Ist kein Zuckerthermometer zur Hand: Wenn man etwas vom heißen Karamell in kaltes Wasser tropfen lässt, sollte sich eine weiche Kugel bilden.)

Währenddessen die Eigelbe in einer Schüssel mit einem Handrührgerät aufschlagen, bis sie hell und cremig sind. Die Rührgeschwindigkeit reduzieren und das Kaffeekaramell langsam zur Eimasse gießen. Weiterschlagen, bis die Mischung hell und luftig und vollständig abgekühlt ist. Die Butter nach und nach löffelweise zugeben, dabei stetig weiterschlagen, bis die Butter vollständig untergerührt ist. Noch einige Minuten weiterschlagen, bis die Mischung hell und schaumig ist. Im Kühlschrank abkühlen lassen.

Backofen auf 200 °C vorheizen.

Für das Joconde-Biskuit 4 Eier trennen. Die Eigelbe mit den ganzen Eiern und dem Puderzucker in einem Wasserbad 3 bis 5 Minuten verschlagen. Vom Herd nehmen und noch einige Minuten mit dem Handrührgerät weiterschlagen, bis sich das Volumen verdoppelt hat.

In einer sauberen Schüssel die Eiweiße steif schlagen. Den Zucker nach und nach löffelweise zugeben und alles zu einer homogenen Baisermasse verrühren.

Gemahlene Mandeln, Mehl und Backpulver unter die Eigelbmischung rühren und langsam nach und nach jeweils ein Drittel der Baisermasse unterheben, bis die Baisermasse vollständig untergehoben ist. Das Biskuit auf die beiden Backbleche verteilen und dünn verstreichen. Die Biskuitböden 10 bis 14 Minuten im vorgeheizten Backofen backen, bis sie hellgoldgelb sind. Aus dem Ofen nehmen, auf ein Kuchengitter stürzen, die Ränder mit einem scharfen Messer vom Backpapier lösen und das Backpapier vorsichtig entfernen. Die Böden abkühlen lassen.

Für den Kaffeesirup Espresso und Zucker in einem Topf erhitzen. Instant-Kaffeepulver zugeben und rühren, bis es sich aufgelöst hat. Die Mischung aufkochen und einige Minuten köcheln lassen, bis sie zu einem Sirup eingedickt ist. Vom Herd nehmen, abkühlen lassen und den Kaffeelikör einrühren.

Für die Schokoladen-Ganache Sahne, Butter, Schokolade und Glukose- oder Zuckerrübensirup unter Rühren in einem Topf erhitzen, bis Schokolade und Butter geschmolzen sind und die Ganache glatt und glänzend ist.

Die Biskuitböden waagerecht halbieren, sodass vier Rechtecke entstehen. Ein Biskuitrechteck auf eine Servierplatte setzen. Sorgfältig etwas Kaffeesirup darüberträufeln, sodass das Biskuit gut mit einer dünnen Schicht Sirup getränkt ist. Vorsichtig eine Schicht Buttercreme darauf verteilen. Ein zweites Biskuitrechteck auflegen, mit Kaffeesirup tränken und mit einer dünnen Schicht Schokoladen-Ganache bestreichen. Den dritten Biskuitboden darüberlegen und mit restlichem Kaffeesirup beträufeln. Mit der restlichen Buttercreme bedecken. Das letzte Biskuitrechteck darauflegen.

Die Oberseite der Torte mit der übrigen Schokoladen-Ganache bestreichen. Die ge-

FÜR DIE BUTTERCREME:

225 g Zucker

60 ml Espresso

4 große Eigelb

300 g Butter

FÜR DAS JOCONDE-BISKUIT:

8 große Eier

100 g Puderzucker, gesiebt

100 g Zucker

200 g gemahlene Mandeln

60 g Mehl, gesiebt

½ TL Backpulver

FÜR DEN KAFFEESIRUP:

120 ml Espresso

100 g Zucker

2 TL Instant-Kaffeepulver

2 EL Kaffeelikör

FÜR DIE SCHOKOLADEN-GANACHE:

250 g Sahne

30 g Butter

100 g Zartbitterschokolade, in Stücke gebrochen

2 EL Glukosesirup oder Zuckerrübensirup

ZUM GARNIEREN:

30 g weiße Schokolade, geschmolzen

einige fein gehackte Pistazien und essbares Blattgold (nach Belieben)

Zuckerthermometer

2 große Backbleche, gefettet und mit Backpapier ausgelegt

Spritzbeutel

ERGIBT 12 PORTIONEN

schmolzene weiße Schokolade in einen Spritzbeutel füllen und die Torte damit verzieren. (Ich habe einen Violinschlüssel gewählt, man könnte aber z. B. auch in Schreibschrift das Wort »Oper« und einige schöne Muster aufspritzen.) Die Torte nach Belieben mit Pistazien bestreuen oder mit etwas Blatt-gold verzieren. Bis zum Servieren in den Kühlschrank stellen.

Vor dem Servieren die Seiten der Torte sauber begradigen. Die Torte lässt sich bis zu 3 Tage im Kühlschrank aufbewahren.

Smith-Island-Torte

Diese dekorativ geschichtete Torte stammt von der Insel Smith Island im US-Bundesstaat Maryland. Sie besteht aus abwechselnden Schichten von Vanilleteig und Schokocreme. Die Oberseite können Sie mit hübschen Zuckerblumen oder Schokoraspeln verzieren. Da die Torte aus so vielen Schichten besteht, kann man davon recht dünne Stücke servieren. Oft wird diskutiert, wie viele Schichten es sein sollten. Meine Version hat mit zehn Lagen mehr als genug, aber Sie können die Zahl natürlich nach Belieben erhöhen.

FÜR DEN TEIG:

340 g weiche Butter

340 g Zucker

6 große Eier

340 g Mehl, gesiebt

2 TL Backpulver

1 TL Vanillepulver oder
2 TL Vanilleextrakt

250 g fettarmer Naturjoghurt

FÜR DIE SCHOKOCREME:

225 g Zucker

180 g ungesüßte Kondensmilch
und 100 g gesüßte Kondensmilch

125 g Puderzucker, gesiebt

200 g Zartbitterschokolade
(idealerweise mindestens
70% Kakaoanteil), geraspelt

125 g Butter

einige Zuckerblumen zum
Garnieren

*5 Springformen (20 cm Ø), gefettet
und mit Backpapier ausgelegt*

ERGIBT 10 PORTIONEN

Backofen auf 180 °C vorheizen.

Für den Teig Butter und Zucker in einer Schüssel mit einem Handrührgerät zu einer hellen Creme verrühren. Eier einzeln zugeben und unterrühren. Mehl, Backpulver, Vanille und Joghurt vorsichtig unterheben und alles gut vermischen. Die Mischung auf die vorbereiteten Springformen verteilen und zu einer gleichmäßigen Schicht verstreichen. Teigböden im vorgeheizten Backofen etwa 20 bis 25 Minuten backen, bis sie auf Fingerdruck zurückfedern. (Stehen keine fünf Springformen zur Verfügung, den Teig nacheinander backen und die Formen dazwischen auswaschen, neu einfetten und mit Backpapier auslegen.) Böden einige Minuten in den Formen abkühlen lassen und auf einem Kuchengitter vollständig auskühlen lassen. Böden waagerecht mit einem gezahnten Messer halbieren.

Für die Schokocreme Zucker und beide Kondensmilchsorten in einem Topf unter Rühren erhitzen, bis sich der Zucker aufgelöst hat. Puderzucker, Schokolade und Butter zugeben und unter stetigem Rühren sanft erhitzen, bis Butter und Schokolade geschmolzen sind. Creme durch ein feinmaschiges Sieb passieren. Eine Zeit lang abkühlen lassen, bis die Creme einzudicken beginnt.

Einen Teigboden auf eine Servierplatte legen und an den Rändern Frischhaltefolie unterlegen. Zwei große Esslöffel Creme auf den Teigboden geben und zu einer dünnen Schicht verstreichen, sodass der Teigboden vollständig bedeckt ist. Den nächsten Boden darauflegen (am besten mit der nicht angeschnittenen Seite nach oben, damit die Schokocreme nicht in die Böden einzieht). Mit den restlichen Teigböden wiederholen, sodass sie jeweils zwischen zwei Schichten Schokocreme liegen.

Etwas Schokocreme zum Fixieren der Zuckerblumen beiseitestellen. Die restliche Creme auf der Oberseite und den Seiten der Torte verteilen und fest werden lassen. Ist die Schokocreme zu einer glänzenden Glasur erstarrt, die Zuckerblumen mit der beiseitegestellten Creme auf der Torte befestigen und vorsichtig die untergelegte Folie entfernen. Die Torte lässt sich in Frischhaltefolie gewickelt oder in einem luftdichten Behältnis bis zu 3 Tage aufbewahren, schmeckt jedoch am Tag der Zubereitung am besten.

Ananas-Kokosnuss-Millefeuilles

Klassische Millefeuilles sind stets ein Genuss, und diese karibisch inspirierte Variante – knuspriger, glasierter Blätterteig mit Kokosnusscreme, Ananaspüree und karamellisierten Ananasscheiben – ist wirklich köstlich. Den Blätterteig kann man zwar selbst zubereiten, dies ist jedoch zeitaufwendig. Gekaufter Blätterteig ist daher eine gute Alternative.

500 g Blätterteig (Fertigprodukt)

etwas Mehl für die Arbeitsfläche

1 großes Ei, verschlagen

etwas Zucker zum Bestreuen

etwas Puderzucker zum Bestäuben

FÜR DAS ANANASPÜREE UND DIE KARAMELLISIERTEN ANANASSCHEIBEN:

1 große reife Ananas, geschält und Augen entfernt

60 ml Kokosnussrum

60 g Zucker und etwas Zucker zum Bestreuen

FÜR DIE KOKOSNUSSCREME:

450 g Sahne

70 ml Kokosnussrum

1 EL Puderzucker, gesiebt

3 Backbleche, mit Backpapier ausgelegt

Spritzbeutel mit großer Sterntülle

ERGIBT 6 PORTIONEN

Backofen auf 200 °C vorheizen.

Blätterteig auf einer bemehlten Arbeitsfläche zu einem Quadrat mit 36 Zentimetern Seitenlänge ausrollen. Mit verschlagenem Ei bestreichen und mit Zucker bestreuen. In drei gleich breite Streifen schneiden. Einen Teigstreifen auf eines der vorbereiteten Backbleche geben und mit einem Stück Backpapier bedecken. Das zweite Backblech daraufsetzen und die beiden restlichen Teigstreifen darauflegen. Ebenfalls mit Backpapier bedecken und das dritte Backblech daraufsetzen. (Falls nicht drei Backbleche zur Verfügung stehen, kann der Teig auch nacheinander gebacken werden. Die aufgelegten Backbleche verhindern, dass der Teig zu stark aufgeht.) Im vorgeheizten Backofen 40 bis 50 Minuten backen, bis der Teig goldgelb ist. Abkühlen lassen.

Für das Ananaspüree und die karamellisierten Ananasscheiben die Hälfte der Ananas in 12 dünne Scheiben schneiden. Aus der anderen Hälfte den Strunk herausschneiden und das Fruchtfleisch in kleine Stücke schneiden. Kokosnussrum, 60 Milliliter Wasser, Zucker und Ananasstücke in einem Topf etwa 10 Minuten unter Rühren köcheln lassen, bis die Ananasstücke weich sind. In einer Küchenmaschine glatt pürieren und zum Abkühlen beiseitestellen.

Eine Grillpfanne sehr stark erhitzen. Die Ananasscheiben auf beiden Seiten mit etwas Zucker bestreuen. In die Pfanne geben und von jeder Seite etwa 5 Minuten anbraten, bis sie karamellisiert sind. Vom Herd nehmen und abkühlen lassen.

Für die Kokosnusscreme Sahne und Kokosnussrum mit Puderzucker in einer Schüssel mit einem Handrührgerät verschlagen. In den Spritzbeutel geben.

Die Kanten der Blätterteigstreifen sauber zurechtschneiden und die Streifen jeweils in sechs gleich große Rechtecke schneiden. Die Kokosnusscreme in kleinen Tupfen rundherum auf die Ränder von zwölf Teigstreifen spritzen. Die Lücken in der Mitte jeweils mit 1 Teelöffel Ananaspüree füllen. Jeweils zwei mit Creme verzierte Teigstreifen mit je einer karamellisierten Ananasscheibe belegen und aufeinanderschichten. Den Stapel jeweils mit einem dritten unbelegten Teigstreifen bedecken und mit Puderzucker bestäuben. Sofort servieren oder bis zum Servieren im Kühlschrank aufbewahren. Die Millefeuilles schmecken am besten am Tag der Zubereitung.

Baklawa mit Cranberrys und Pekannüssen

Baklawa ist eines der beliebtesten Desserts Griechenlands. Ich bin immer wieder erstaunt, wie knusprig den Bäckereien dort das mit Honigsirup getränkte Gebäck gelingt. Baklawa kann man sehr gut zu Kaffee servieren. Traditionell verwendet man dafür Walnüsse, in meiner Variante nehme ich Cranberrys und Pekannüsse. Falls man es jedoch puristischer mag, kann man die Pekannüsse durch Walnüsse ersetzen und die Cranberrys weglassen.

225 g Filoteig (Fertigprodukt)
150 g Butter, zerlassen

FÜR DIE NUSS-FRUCHT-
FÜLLUNG:

200 g Pekannüsse

75 g getrocknete Cranberrys

100 g Zucker

2 TL Zimtpulver

½ TL Vanillepulver oder
1 TL Vanilleextrakt

FÜR DEN SIRUP:

160 ml flüssiger Honig

frisch gepresster Saft von
1 kleinen Orange

*quadratische Backform mit
Hebeboden (25 cm), gefettet*

ERGIBT 25 STÜCKE

Backofen auf 200 °C vorheizen.

Da der Filoteig in der warmen Küche schnell austrocknen kann, den Teig bis zur Verwendung mit einem sauberen, feuchten Küchentuch abdecken. Pekannüsse, getrocknete Cranberrys, Zucker, Zimt und Vanille in einer Küchenmaschine oder einem Standmixer zu feinen Krümeln verarbeiten.

Den Filoteig auf die Größe der Backform zuschneiden. (Die Filoteigblätter, die ich kaufe, sind meist so groß, dass ich sie jeweils in Stücke von einem und zwei Dritteln der Verkaufsgröße schneide. Ein größeres Stück deckt dann den gesamten Boden der Form ab, zwei der kleineren ergeben zusammengesetzt die daraufliegende Schicht. Nach dem Backen sind die Fugen, die so in jeder zweiten Schicht entstehen, nicht mehr zu sehen.)

Ein großes Teigquadrat in die Backform legen und mit einem Backpinsel großzügig mit zerlassener Butter bestreichen. Mit weiteren zwei bis drei Schichten ebenso verfahren, dann eine dünne Schicht Nuss-Frucht-Füllung über die Teigschicht streuen, sodass diese vollständig bedeckt ist. Mit einem weiteren Teigstück abdecken, nochmals mit etwas Butter bestreichen und weitere zwei bis drei Teigschichten darauflegen. Wieder eine Schicht Nuss-Frucht-Füllung darübergeben. Diesen Vorgang so lange wiederholen, bis die Teigstücke aufgebraucht sind. Die oberste Lage sollte aus Teig bestehen. (Bleibt von der Nuss-Frucht-Füllung noch etwas übrig, lässt sich diese gut in einem Glas aufbewahren und später unter einen beliebigen Kuchenteig mischen.)

Die Oberseite der Baklawa mit der restlichen zerlassenen Butter bestreichen und im vorgeheizten Backofen etwa 15 Minuten backen. Die Temperatur auf 180 °C reduzieren und weitere 25 bis 30 Minuten backen, bis der Teig knusprig und goldgelb ist. Aus dem Ofen nehmen. Für den Sirup den Honig mit dem Orangensaft unter Rühren in einem Topf erhitzen und über die Oberseite der Baklawa geben. Den Sirup einziehen lassen, während das Gebäck abkühlt. Die Baklawa in 25 Quadrate schneiden und servieren. Das Gebäck hält sich in einem luftdichten Behältnis 3 Tage.

Ungarische Erdbeerschnittchen

Dieses klassisch ungarische Gebäck besteht aus verlockenden Schichten aus Erdbeermarmelade und Pistazien, bedeckt von einer Schokoglasur. Statt der Pistazien und der Erdbeermarmelade können Sie nach Belieben auch andere Nüsse oder Marmeladen verwenden.

FÜR DEN TEIG:

1 Päckchen Trockenhefe (7g)

4 EL Zucker

200 ml Milch, erwärmt

600 g Mehl, gesiebt, und etwas Mehl für die Arbeitsfläche und die Teigrolle

180 g weiche Butter

2 große Eier und 1 Eigelb

abgeriebene Schale von 1 unbehandelten Zitrone

1 TL Vanilleextrakt

2 EL Crème fraîche oder saure Sahne

FÜR DIE FÜLLUNG:

1 Glas Erdbeermarmelade (ca. 370 g)

150 g Pistazienkerne, in einer Küchenmaschine oder einem Standmixer fein zerkleinert

FÜR DIE SCHOKOGLASUR:

100 g Sahne

15 g Butter

100 g Zartbitterschokolade, in Stücke gebrochen

1 EL Glukosesirup oder Zuckerrübensirup

große rechteckige Backform (35 x 25 cm), gefettet und mit Backpapier ausgelegt

ERGIBT 24 PORTIONEN

Für den Teig Hefe, Zucker und warme (nicht heiße!) Milch in einen Krug füllen, umrühren und etwa 10 Minuten an einem warmen Ort ruhen lassen, bis sich auf der Milch Schaum bildet. Mehl, Butter, Eier, Eigelb, Zitronenschale, Vanille und Crème fraîche oder saure Sahne in einer Küchenmaschine oder in einer Schüssel mit den Knethaken eines Handrührgeräts verrühren. Die schäumende Milch zur Mehlmischung geben und alles mit den Knethaken oder den Händen 5 bis 8 Minuten verkneten, bis der Teig sehr weich und geschmeidig, aber nicht zu klebrig ist. Gegebenenfalls noch etwas Mehl zugeben. Die Schüssel mit einem feuchten Küchentuch bedecken und den Teig 1 Stunde an einem warmen Ort gehen lassen, oder bis er sein Volumen verdoppelt hat. Teig auf eine bemehlte Arbeitsfläche geben und kurz mit den Händen verkneten. Den Teig in drei gleich große Portionen teilen. Mit einer gut bemehlten Teigrolle ein Drittel des Teigs auf die Größe der Backform ausrollen. Das Teigrechteck mithilfe der Teigrolle in die Form setzen und auseinanderziehen, damit der Boden vollständig von Teig bedeckt ist.

Etwa die Hälfte der Marmelade bis fast an die Ränder auf dem Teigboden verteilen. Die Hälfte der zerkleinerten Pistazien darauf verteilen. Das zweite Teigdrittel auf die gleiche Weise ausrollen und über die Pistazienschicht legen. Wie zuvor auseinanderziehen, sodass Marmelade und Pistazien vollständig bedeckt sind. Die restliche Marmelade auf dem Teig verteilen und mit den übrigen Pistazien bestreuen. Mit der dritten ausgerollten Teigschicht bedecken.

Backofen auf 180 °C vorheizen.

Die Backform mit einem feuchten Küchentuch bedecken und den Teig 30 Minuten gehen lassen. Im vorgeheizten Backofen 30 bis 40 Minuten goldgelb backen.

Für die Schokoglasur Sahne, Butter, Schokolade und Glukose- oder Zuckerrübensirup unter Rühren in einem Topf erhitzen, bis Schokolade und Butter geschmolzen sind und die Glasur glatt und glänzend ist. Etwas abkühlen lassen und die Glasur auf dem Kuchen verteilen. In der Backform abkühlen lassen. Den Kuchen aus der Form nehmen und das Backpapier entfernen. Die Seiten begradigen, den Kuchen in 24 Schnittchen teilen und servieren. Die Erdbeerschnittchen schmecken am besten am Tag der Zubereitung, lassen sich jedoch auch bis zu 2 Tage in einem luftdichten Behältnis aufbewahren.

Kalter Hund

Dieser beliebte Schichtkuchen besteht aus einer sättigenden alkoholhaltigen Schokoladen-Ganache und einer knusprigen Schicht aus Butterkeksen. Zwar würde man nicht unbedingt erwarten, dass sich hinter diesem Namen ein verlockendes Dessert verbirgt, doch der Kuchen ist äußerst lecker. Er lässt sich sehr gut im Voraus zubereiten und bis zum Servieren im Kühlschrank aufbewahren, da er sich gekühlt gut hält.

250 g Butter

100 g Zartbitterschokolade (70% Kakaoanteil)

3 große Eier

75 ml Mandellikör (z. B. Amaretto)

160 g Puderzucker, gesiebt

80 g ungesüßtes Kakaopulver, gesiebt

250 g rechteckige Butterkekse

100 g weiße Schokolade

Kastenform (23 x 10 x 6 cm)

ERGIBT 10 PORTIONEN

Die Kastenform mit einer dreifachen Lage Frischhaltefolie auslegen und einen Streifen Backpapier auf den Boden der Form legen, damit die Oberseite des Kuchens schön glatt wird.

Die Butter bei geringer Hitze in einem Topf zerlassen. Die Schokolade in kleine Stücke brechen und zur warmen Butter geben. Rühren, bis die Schokolade geschmolzen ist.

In einer großen Schüssel mit einem Handrührgerät Eier, Mandellikör, Puderzucker und Kakaopulver verrühren und die Schokoladen-Butter-Mischung unterrühren, bis die Schokoladenmasse eindickt.

Einen großen Esslöffel Schokoladenmasse auf dem Boden der Kastenform verteilen. Mit einer Schicht aus etwa 6 dicht aneinandergelegten Butterkeksen bedecken. (Bei Bedarf die Kekse in kleinere Stücke brechen.)

Einen weiteren Esslöffel Schokoladenmasse in einer dünnen Schicht auf den Keksen verteilen. Abwechselnd Kekse und Schokoladenmasse einfüllen, bis die Schokoladenmasse vollständig aufgebraucht ist. Die letzte Schicht sollte aus Schokoladenmasse bestehen. Die Kastenform mit Frischhaltefolie bedecken und im Kühlschrank 3 Stunden fest werden lassen.

Die weiße Schokolade im Wasserbad schmelzen und etwas abkühlen lassen. Den Kuchen aus der Backform nehmen und Frischhaltefolie sowie Backpapier entfernen. Den Kuchen auf eine Servierplatte stürzen und die Oberseite mit dekorativen Linien aus weißer Schokolade verzieren, die man von einer Gabel abtropfen lässt. Den Kuchen wieder in den Kühlschrank stellen, bis die weiße Schokolade fest geworden ist. Zum Servieren den Kuchen mit einem scharfen Messer in dünne Scheiben schneiden. Er lässt sich bis zu 5 Tage in einem luftdicht verschlossenen Behältnis im Kühlschrank aufbewahren.

Schwedischer Prinzessinnenkuchen

Die Prinsesstårta ist der Klassiker unter den schwedischen Torten. Man sieht sie oft in Schaufenstern von skandinavischen Bäckereien ausgestellt. Sie ist eine der anmutigsten Torten, die ich kenne, und einer Prinzessin würdig – im wahrsten Sinne des Wortes! Der genaue Ursprung der Torte ist nicht gesichert. Allerdings erscheint eine als »Grüne Torte« bezeichnete Variante in einem Kochbuch von Jenny Åkerström mit dem Titel »Das Prinzessinnen-Kochbuch«. Das Kochbuch wurde angeblich für die drei königlichen Töchter des Herzogs von Västergötland verfasst – die Prinzessinnen Margaretha, Märtha und Astrid. Es gab mehrere Ausgaben dieses Kochbuchs, und diese Torte erschien nur in einer von ihnen. Die Prinzessinnen sollen sie der Legende nach besonders gern gemocht haben, was der Grund für die Umbenennung in »Prinzessinnenkuchen« gewesen sein soll. Wer diese erhabene Torte einmal probiert hat, kann bestätigen, dass sie ihren königlichen Ursprüngen alle Ehre macht. Sie enthält wunderbar leichte, dünne Teigschichten, eine leckere Crème pâtissière, Himbeermarmelade und Crème Chantilly – alles in eine glatte Schicht aus grünem Marzipan gehüllt.

Die Torte bildet eine Kuppel, die sich aus einem kuppelförmig geformten Kuchenboden und einer Cremekuppel zusammensetzt. Daher muss der Teig so gebacken werden, dass er sich, nachdem er waagerecht in drei Böden geschnitten wurde, kuppelförmig biegen lässt. Hält man sich an die Zutaten und Zubereitung in diesem Rezept, sollte der Teig nach dem Backen ausreichend elastisch sein. Fühlt er sich dennoch steif an, schneidet man einfach die Ränder der gebackenen Böden mit einem scharfen Messer ab, wodurch sie biegsamer werden. Die Kuppel entsteht, indem man die Crème Chantilly sehr steif schlägt, auf den zweiten Teigboden gibt und mit einem Spatel zu einer Kuppel formt. Wenn man dann den letzten Kuchenboden kuppelförmig darüberlegt, erhält man einen klassisch geformten Prinzessinnenkuchen. Manchmal wird die Torte auch umgedreht in einer mit Frischhaltefolie ausgelegten Schüssel zusammengesetzt. Dadurch wird die Kuppel zwar höher, dies ist jedoch nicht die klassische Methode. Bei Zeitmangel können Sie statt der Crème pâtissière auch eine fertig gekaufte Vanillesauce verwenden. Nach Möglichkeit empfehle ich jedoch sehr, die Crème selbst zuzubereiten. Falls Sie eine gekaufte Sauce verwenden, sollte diese unbedingt von guter Qualität, frisch und sehr dickflüssig sein, damit sie nicht ausläuft.

Ich weiß, dass Marzipan nicht jedermanns Geschmack ist. Aber in diesem Rezept wird er so dünn ausgerollt, dass er beinahe mit der Creme verschmilzt und nur einen Hauch von Mandelaroma beisteuert. Das hier verwendete Marzipanrezept stammt von meiner Freundin Christine Gibbs. Es ergibt mehr Marzipan, als für die Torte notwendig ist, die Reste lassen sich jedoch sehr gut im Kühlschrank aufbewahren. Die Torte wird traditionell mit einer rosafarbenen oder roten Rose und grünen Blättern dekoriert. Das Dekor kann man aus gefärbtem Marzipan herstellen oder man verwendet Zuckerrosen, die in gut sortierten Supermärkten erhältlich sind. Auch eine frische Rose oder kandierte Rosenblätter eignen sich für die Dekoration.

Zwar nimmt die Zubereitung der Torte etwas Zeit in Anspruch, doch Ihre Gäste werden von dieser Torte für besondere Anlässe garantiert begeistert sein. Mit kleineren Teigböden kann man auch Mini-Versionen zubereiten, die sich ideal als individuelle Desserts bei einem Festessen oder zu einem festlichen Nachmittagskaffee eignen.

FÜR DEN TEIG:

4 große Eier

140 g Zucker

½ TL Vanillepulver oder
1 TL Vanilleextrakt

140 g Mehl, gesiebt

1 Prise Salz

30 g Butter, zerlassen

FÜR DAS MARZIPAN:

300 g gemahlene Mandeln

200 g Zucker und bei Bedarf
etwas Zucker zum Bestreuen

200 g Puderzucker und etwas
Puderzucker zum Bestäuben

2 Eiweiß, leicht verschlagen

abgeriebene Schale von 1 unbehandelten Zitrone

½ TL Vanillepulver oder
1 TL Vanilleextrakt

1 TL Rosenwasser

1 TL Mandelaroma

rote und grüne Lebensmittelfarbe
in Gel- oder Pastenform

FÜR DIE CRÈME PÂTISSIÈRE:

1 großes Ei und 1 Eigelb

1 gehäufter EL Speisestärke

½ TL Vanillepulver oder
1 TL Vanilleextrakt

60 g Zucker

150 g Sahne

100 ml Milch

FÜR DIE CRÈME CHANTILLY:

600 g Sahne

½ TL Vanillepulver oder
1 TL Vanilleextrakt

2 EL Puderzucker, gesiebt

ZUM GARNIEREN UND ANRICHTEN:

6 EL Himbeermarmelade

etwas Puderzucker zum Bestäuben

*Springform (23 cm Ø), gefettet und
mit Backpapier ausgelegt*

ERGIBT 10 PORTIONEN

Backofen auf 180 °C vorheizen.

Für den Teig Eier, Zucker und Vanille in einer Schüssel mit einem Handrührgerät zu einer sehr dicken, hellen Creme verschlagen, die beim Herausziehen der Quirle Spitzen zieht. Dies dauert etwa 5 Minuten.

Mehl und Salz vorsichtig bei langsamer Geschwindigkeit mit dem Handrührgerät oder mit einem Spatel unterrühren. (Wichtig ist, die Zutaten sehr vorsichtig unterzurühren, damit nicht zu viel Luft aus der Masse entweicht. Da sie kein Triebmittel enthält, muss die Teigmasse sehr luftig sein, damit der Kuchen später beim Backen gut aufgeht und danach leicht und biegsam ist.) Vorsichtig die zerlassene Butter unterheben und den Teig in die vorbereitete Springform füllen. Im vorgeheizten Backofen 30 bis 40 Minuten backen, bis der Teig goldgelb ist und auf Fingerdruck zurückfedert. In der Form abkühlen lassen.

Für das Marzipan gemahlene Mandeln, Zucker und Puderzucker in einer Küchenmaschine oder einem Standmixer einige Minuten zu einem feinen Pulver verarbeiten. In eine große Schüssel geben und verschlagene Eiweiße, Zitronenschale, Vanille, Rosenwasser und Mandelaroma zufügen. Mit einem schmalen Spatel oder einem abgerundeten Messer vermischen, bis eine homogene Masse entstanden ist. Die Marzipanmasse auf eine mit Puderzucker bestäubte Arbeitsfläche legen.

Ein kleines Stück Marzipan abtrennen und mit einigen Tropfen roter Lebensmittelfarbe einfärben. Ein weiteres kleines Stück Marzipan abtrennen und mit einigen Tropfen grüner Lebensmittelfarbe einfärben. Das restliche Marzipan mit einigen Tropfen grüner Lebensmittelfarbe in einem etwas helleren Grünton einfärben. Jede Portion einzeln mit den Händen glatt kneten. Ist das Marzipan zu klebrig, noch etwas Zucker zugeben und einkneten. Die eingefärbten Marzipanmassen getrennt in Frischhaltefolie wickeln und bis zur weiteren Verwendung in den Kühlschrank stellen.

Für die Crème pâtissière Ei, Eigelb, Speisestärke, Vanille und Zucker in einer Schüssel verrühren. Sahne und Milch in einem Topf aufkochen lassen und in einer Küchenmaschine oder mit einem Handrührgerät und einem Helfer unter stetigem Rühren zur Eimischung gießen.

Die Mischung wieder in den Topf geben und unter stetigem Rühren köcheln lassen, bis die Creme einzudicken beginnt. Sofort in eine Schüssel geben. (Wenn sie länger im Topf bleibt, könnte sie gerinnen. Gerinnt sie dennoch, sofort durch ein feinmaschiges Sieb in eine saubere Schüssel passieren, dabei kräftig rühren, damit sich die geronnenen Bestandteile wieder mit der restlichen Mischung verbinden.) Abdecken und abkühlen lassen. Bis zur weiteren Verwendung beiseitestellen.

Für die Crème Chantilly Sahne, Vanille und Puderzucker in einer Schüssel sehr steif schlagen. Abdecken und bis zur Verwendung im Kühlschrank kühl stellen.

Für die Rose das rote Marzipan auf einer mit Puderzucker bestäubten Arbeitsfläche zu einem langen, dünnen Streifen ausrollen und von einem Ende her zu einer Rose aufrollen. Für die Blätter das dunkelgrün gefärbte Marzipan ausrollen und freihändig oder mit einer Schablone vier Blattformen ausschneiden.

Den Kuchen aus der Form nehmen und das Backpapier entfernen. Kuchen mit einem scharfen Messer vorsichtig waagerecht in drei Böden teilen. Den mittleren Boden als Tortendeckel beiseitestellen. Einen weiteren Boden mit etwas Crème Chantilly in der Mitte einer Servierplatte oder eines Tortenständers befestigen.

Eine großzügige Schicht Marmelade auf den Teigboden verteilen und die Hälfte der Crème pâtissière daraufgeben. Bis an den Teigrand glatt verstreichen. Den zweiten Boden darauflegen und mit restlicher Marmelade und Crème pâtissière bedecken. Zwei Drittel der übrigen Crème Chantilly daraufgeben und mit einem Spatel zu einer Kuppel formen.

Den beiseitegestellten Kuchenboden auf die Crème Chantilly setzen und mit den Händen sehr vorsichtig an den Rändern herunterdrücken. Die restliche Crème Chantilly auf die Torte geben und rundum verstreichen.

Auf einer mit Puderzucker bestäubten Arbeitsfläche die hellgrüne Marzipanmasse mit einer Teigrolle zu einer kreisförmigen Decke ausrollen, die etwa 3 Millimeter dick und größer als die Torte ist. Das Marzipan mit den Händen glätten, um überschüssigen Puderzucker zu entfernen.

Die Marzipandecke mithilfe der Teigrolle anheben und die Torte damit eindecken. Mit den Händen glatt streichen. Das überstehende Marzipan am Boden der Torte sorgfältig mit einem scharfen Messer abschneiden. (Nach Belieben die Schnittkante unter einem dekorativen Band verstecken.)

Die Torte leicht mit gesiebtem Puderzucker bestäuben und die Marzipanrose mit den Blättern auf der Spitze andrücken. Bis zum Servieren im Kühlschrank aufbewahren. Die Torte hält sich im Kühlschrank bis zu 2 Tage.

Ispahans

Ispahans sind große Macarons, die mit Himbeeren und Vanillecreme gefüllt werden. Ich verziere meine Ispahans gerne mit etwas Blattgold oder essbarem Goldpuder. So werden sie zu glamourösen Leckereien, die man wunderbar auf Partys servieren kann. Bei der Zubereitung ist die richtige Textur entscheidend. Die Mandelbaisermasse muss gerade steif genug sein, um ihre Form zu bewahren. Ist die Masse zu steif, wird die Oberseite der Ispahans nicht glatt, ist sie zu flüssig, verlaufen sie auf dem Backblech. Im Rezept finden Sie dazu hilfreiche Tipps.

FÜR DIE ISPAHANS:

120 g gemahlene Mandeln

175 g Puderzucker, gesiebt

90 g Eiweiß (von ca. 3 großen Eiern)

75 g Zucker

rosa Lebensmittelfarbe in Gel- oder Pastenform

FÜR DIE FÜLLUNG:

300 g Sahne

1 EL Puderzucker, gesiebt

½ TL Vanillepulver oder 1 TL Vanilleextrakt

150 g frische Himbeeren

essbares Blattgold oder Goldpuder

2 Spritzbeutel, einer mit einer großen runden Tülle, der andere mit einer Sterntülle

2 Backbleche, mit Silikonmatten oder Backpapier ausgelegt

ERGIBT 12 PORTIONEN

Für die Ispahans die gemahlenen Mandeln und den Puderzucker in einer Küchenmaschine oder in einem Standmixer zu einem sehr feinen Pulver verarbeiten und in eine Schüssel sieben. Die im Sieb verbliebene Mandel-Puderzucker-Mischung nochmals zerkleinern und dazusieben. Den Vorgang wiederholen, bis die gesamte Mischung durchgesiebt ist. Eiweiße in einer Schüssel mit einem Handrührgerät steif schlagen und Zucker löffelweise einrühren, bis eine glatte, glänzende Baisermasse entstanden ist. Die Lebensmittelfarbe unterrühren. Die Mandel-Puderzucker-Mischung nach und nach in drei Portionen mit einem Spatel unter die Baisermasse heben. So lange rühren, bis die Masse so weich ist, dass sie gerade eben keine Spitzen mehr zieht. Zur Probe etwas davon auf einen Teller geben: Läuft die Masse leicht auseinander und bildet dabei eine glatte Oberfläche, ist sie bereit zur Weiterverarbeitung. Andernfalls noch etwas länger rühren (jedoch nicht zu lange, sonst wird sie zu flüssig und die Ispahans halten später beim Backen ihre Form nicht).

Die Masse in einen Spritzbeutel mit einer großen runden Tülle füllen und mit etwas Abstand 24 Teighäufchen auf die Backbleche spritzen. (Falls kein Spritzbeutel zur Hand ist, die Teighäufchen mit zwei Löffeln auf die Backbleche geben.) 20 Minuten auf den Backblechen ruhen lassen, bis sich auf dem Teig eine Haut bildet.

Backofen auf 170 °C vorheizen.

Ispahanschalen im vorgeheizten Backofen 15 bis 20 Minuten backen, bis sie fest sind. Auf den Backblechen abkühlen lassen.

Für die Füllung Sahne, Puderzucker und Vanille in einer Schüssel steif schlagen. Die Creme in einen Spritzbeutel mit Sterntülle füllen und auf der Hälfte der Ispahanschalen am Rand entlang kleine Cremetupfer aufspritzen. Zwischen den Cremetupfern jeweils eine kleine Lücke lassen. In jede Lücke eine gewaschene, trocken getupfte Himbeere setzen. In die Mitte jedes Cremerings einen Cremetupfer setzen und jeweils eine zweite Ispahanschale darauflegen.

Die Oberseite der Ispahans mit etwas Blattgold oder Goldpuder verzieren und sofort servieren. Übrig gebliebene Ispahans sollten im Kühlschrank aufbewahrt werden, da sie frische Sahne enthalten, und innerhalb von 2 Tagen verzehrt werden.

Türkische Torte mit Pistazien und Rosen

Die intensiven Aromen von Rosen, Kardamom und Pistazien bestimmen diese herrliche Schichttorte – wie gemacht für den Nachmittagskaffee.

FÜR DEN TEIG:

6 grüne Kardamomkapseln

280 g weiche Butter

280 g Zucker

5 große Eier

225 g Mehl

2½ TL Backpulver

100 g fein gemahlene Pistazien

60 g Naturjoghurt

FÜR DAS ROSENBAISER:

150 g Zucker

60 g Glukosesirup oder Zuckerrübensirup

3 große Eiweiß

1 TL Rosenwasser oder -sirup

FÜR DIE FÜLLUNG:

300 g Sahne

2 EL Rosenblüten- oder Himbeermarmelade

100 g frische Himbeeren

ZUM GARNIEREN:

einige ungespritzte Rosenblütenblätter

einige fein gehackte Pistazien

3 Springformen (20 cm Ø), gefettet und mit Backpapier ausgelegt

Zuckerthermometer

Flambierbrenner

ERGIBT 10 PORTIONEN

Backofen auf 180 °C vorheizen.

Die Kardamomkapseln in einem Mörser mit einem Stößel zerstoßen und die grünen Schalen entfernen. Die schwarzen Kardamomsamen zu einem feinen Pulver vermahlen und beiseitestellen.

Butter und Zucker in einer Schüssel mit einem Handrührgerät verrühren, bis die Mischung hell und glatt ist. Die Eier einzeln zufügen und unterrühren. Mehl, Backpulver, gemahlene Pistazien, fein gemahlene Kardamomsamen und Joghurt vorsichtig untermischen. Den Teig auf die vorbereiteten Springformen verteilen und im vorgeheizten Backofen 25 bis 30 Minuten backen, bis die Böden auf Fingerdruck zurückfedern und an einem in die Mitte eingestochenen Messer kein Teig mehr haften bleibt. Die Böden auf ein Kuchengitter setzen, das Backpapier entfernen und Böden abkühlen lassen.

Für das Rosenbaiser Zucker und Glukose- oder Zuckerrübensirup mit 125 Millilitern Wasser in einem Topf unter Rühren köcheln lassen, bis sich der Zucker aufgelöst hat. Aufkochen lassen, bis 1 Teelöffel der Mischung, der in kaltes Wasser gegeben wird, zu einem glatten, weichen Ball wird (114–115 °C auf dem Zuckerthermometer). Die Eiweiße in einer trockenen, sauberen Schüssel steif schlagen und den heißen Sirup in einem dünnen Strahl zugeben und einrühren (am besten in einer Küchenmaschine oder mit einem Handrührgerät und einem Helfer). Rosenwasser oder -sirup ebenfalls zufügen und einrühren. 10 bis 15 Minuten rühren, bis die Baisermasse abzukühlen beginnt. Vollständig abkühlen lassen.

Die Sahne in einer Schüssel mit einem Handrührgerät oder einem Schneebesen steif schlagen, bis sie Spitzen zieht. Einen Kuchenboden auf eine Servierplatte setzen und mit der Hälfte der Creme bedecken. Die Rosenblüten- oder Himbeermarmelade darauf verteilen. Einen zweiten Boden darauflegen und mit der restlichen Creme bedecken. Gewaschene, trocken getupfte Himbeeren auf der Creme verteilen und mit dem dritten Boden bedecken.

Mit einem Spatel oder einem abgerundeten Messer das Rosenbaiser als gleichmäßige Schicht auf der Oberseite und den Seiten der Torte verteilen. Die Baisermasse mit dem Flambierbrenner leicht bräunen, bis sie goldgelb ist (nicht anbrennen lassen!). Die Torte mit Rosenblütenblättern und gehackten Pistazien dekorieren und sofort servieren. Am besten schmeckt die Torte am Tag der Zubereitung. Übrigen Kuchen im Kühlschrank aufbewahren.

Register

Danksagung

Mein großer Dank gilt Julia Charles, Cindy Richards und David Peters von Ryland Peters and Small für die Möglichkeit, meine Rezepte in diesem Buch veröffentlichen zu dürfen. Kate Eddison und Alice Sambrook danke ich für das Lektorat, Leslie Harrington für ihre fantastische Arbeit als Art Director des Buches und Gordana Simakovic für die aufwendige Produktion. Ein besonderer Dank geht an Steve Painter und Lucy McKelvie, deren Rezeptfotos so verführerisch sind, dass man am liebsten mit einem großen Löffel hineinstechen würde. Lieben Dank möchte ich auch meiner Agentin Heather bei HHB für ihre Unterstützung aussprechen. Danke auch allen aus dem Amphenol Building und meinen Freunden vom Bogensportverein WOAC (Wellingborough Open Archery Club), die die Desserts für mich probegegessen haben: Vielen Dank für das positive Feedback und die Bereitschaft, so viele Kuchen und Trifles zu probieren. Ich sehe voll und ganz ein, dass eine Vorgabe von vier Trifles pro Tag etwas zu viel des Guten war. Ein ganz herzliches Dankeschön gilt schließlich meiner Mutter, meinem Vater und meinem Bruder Gareth sowie Amy, Liz und Mike, die immer für mich da sind. Eine große Umarmung geht auch an Hunter und Bowen – süßere Kids kann man sich als Tante gar nicht wünschen.